Couvertures supérieure et inférieure
en couleur

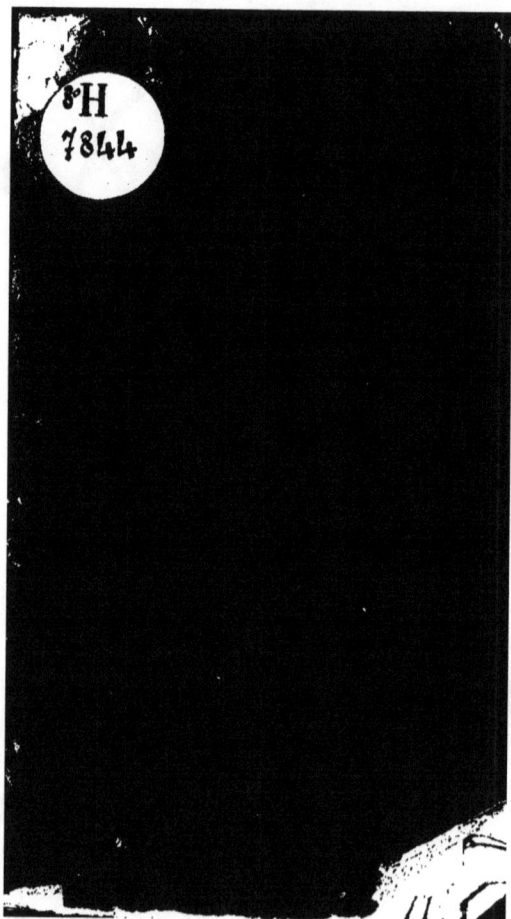

COURS PRATIQUE

DE

FRANC - MAÇONNERIE.

QUATRIÈME CAHIER.

Grades Capitulaires.

CROIX GRECQUE, SYMBOLE DE L'UNIVERS, p. 279.

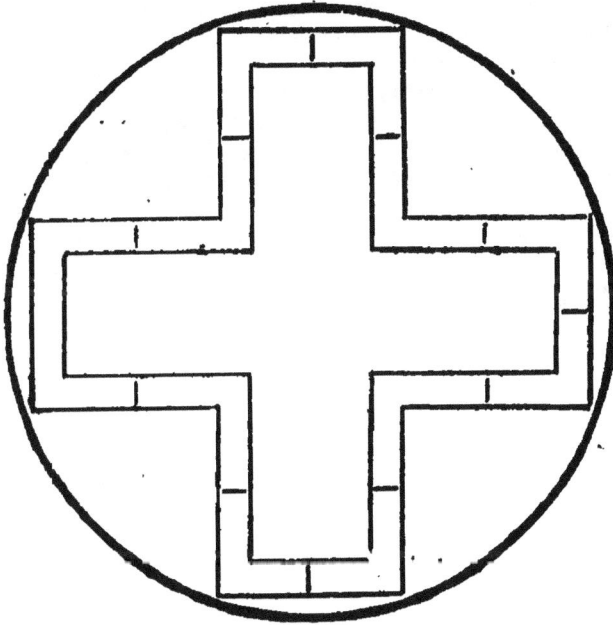

AVIS.

—

Notre *Mémoire sur l'Ecossisme* est le supplément à peu près indispensable de ce cours, et particulièrement des quatrième et cinquième cahiers. C'est pour une rédaction consciencieuse de cette œuvre que nous avons étudié ce rit avec courage et patience, consulté les rituels des régimes divers, et essayé de donner de l'intérêt à tous les gr∴ supérieurs, en choisissant ce qu'ils ont de bon, en le devinant quelquefois, ou en le créant à l'aide de l'interprétation. Si l'on est curieux de connaître ce qu'ils ont de défectueux, ou même de mauvais (note D), avec des développemens étendus sur ce qui est louable, on joindra ce mémoire à nos cahiers du Cours pratique. On s'apercevra qu'il est le fruit de recherches laborieuses. Quoique son prix soit de 1 fr. 50 c., nous le donnerons comme les cahiers du Cours, aux maç∴ qui feront l'acquisition de ceux-ci, à 1 fr. l'exempl∴, et à raison de 75 c. pour douze et au delà.

COURS PRATIQUE

DE

FRANC - MAÇONNERIE,

Par le F∴ C∴ DUPONTÈS.

QUATRIÈME CAHIER

PUBLIÉ SUR LA DEMANDE ET SOUS LES AUSPICES

DU SOUV∴ CHAP∴ ISIS-MONTYON.

GRADES CAPITULAIRES.

PARIS.

Chez l'Auteur, au Bureau de l'*Encyclopédie Maçonnique*,
rue St-Denis, 279, près des Bains St-Sauveur.

—

1841.

INSTRUCTION

SUR LES

GRADES CAPITULAIRES,

Comprenant quatre Séries dans l'Ecossisme,
et quatre Ordres dans le Rit Français.

CHAPITRE IX.

—

CATÉCHISME
Des quatre séries Ecossaises.

Nota. Il n'y a plus dans les gr∴ supérieurs autant de formules à répéter littéralement. En outre, les maç∴ revêtus de ces gr∴, ont acquis par la réflexion et par l'habitude, plus de facilité à saisir et à retenir les instructions qu'ils ont reçues dans les trav∴, et dont les chap∴ suivans offrent le programme. On n'a donc plus autant besoin de catéch∴, ou du moins, si l'on en donne encore, ils doivent être courts, et ne présenter que le sommaire de la doctrine, sauf à la développer plus loin. Ainsi, autant parce que ce serait inutile, que pour nous tenir dans les limites de toute la discrétion possible, nous ne répétons pas les questions et réponses mystiques qui sont dans les catéch∴ ou instructions des rituels. Les présidens prendront dans ceux-ci ce qu'ils jugeront à propos. (Note en tête du 3e cahier.)

Nous ne traitons ici que les quatre séries écossaises; mais nous exposons dans le chap∴ X, comment nos aperçus peuvent s'appliquer au rit français.

1. DEMANDE : Combien y a-t-il de gr∴ en chapitre ?

RÉPONSE : Quinze, depuis le 4e jusque et compris le 18e; mais ce grand nombre se réduit par le fait à quatre, au moyen des classes ou séries dans lesquelles on a groupé plusieurs degrés, de manière que ceux qui précèdent le dernier d'une série, ne sont considérés que comme les accessoires préliminaires de ce dernier. Chaque série prend le nom du gr.˙. qui la termine.

2. D. De quels gr.˙. chacune de ces séries est-elle composée ?

R. La première, *Intendant des Bâtimens*, comprend les gr.˙. 4, 5, 6, 7 et 8. On dit de cette série, qu'elle a cinq *chambres*, dont les quatre premières servent de préparation à la réception dans la cinquième, c'est-à-dire, au dernier de ses grades. Il en est de même des autres séries, suivant le plus ou le moins de deg.˙. qu'elle contient. La 2ᵉ, *Les Elus*, est composée des gr.˙. 9, 10 et 11 ; la 3ᵉ, *G.˙. Elu Ecossais*, des gr.˙. 12, 13 et 14 ; la 4ᵉ, *le R.˙. C.˙.*, des gr.˙. 15, 16, 17 et 18.

3. D. Quel est l'objet général de ces quatre séries ?

R. Les gr.˙. des trois premières sont la suite de la maîtrise, les uns ayant un rapport direct à l'art de l'architecture, et les autres à la punition des meurtriers d'Hiram. Mais ceux de la 4ᵉ ont un caractère tout-à-fait distinct, et d'une très haute importance. Ils appellent nos méditations sur l'ancienne chevalerie, et sur le culte religieux.

4. D. Outre cette considération sur l'ensemble des gr.˙. capitul.˙., chacun d'eux n'a-t-il pas un but spécial ?

R. Oui, et nous allons l'indiquer sommairement.

Dans la première série, le 4ᵉ gr.˙., *Maître Secret*, nous recommande la discrétion ; le 5ᵉ, *Maître Parfait*, symbolise les malheurs de l'ignorance, et nous invite à perfectionner en nous la vertu et la science, indispensables au maçon; le 6°, *Secrétaire Intime*, signale les dangers d'une curiosité indiscrète et orgueilleuse, qui se porte sur des choses inutiles à notre perfectionnement, et dont il ne nous est pas donné de pénétrer les mystères; le 7°, *Prévôt et Juge*, est consacré à la justice, à l'équitable balance dans laquelle nous devons poser nos actions et celles des autres; le 8°, *Intendant des Bâtimens*, l'est à l'exactitude, à l'esprit d'ordre, à la fidélité, au zèle pour s'instruire, afin de pouvoir éclairer les maç∴ moins avancés, et répandre partout une lumière bienfaisante.

Les gr∴ 9, 10 et 11, formant la seconde série, sous les noms de *Maître-Elu des Neuf*, *Grand Elu des Quinze* et *sublime Chev∴ Elu*, nous rappellent qu'il est un ordre providentiel dans le monde moral comme dans le monde physique. Le coupable en effet est toujours puni, soit par la crainte et le remords, soit par les malheurs que lui attire sa perversité, que l'impunité de ses premiers méfaits encourage et augmente, soit par la justice humaine, qui le découvre sur le moindre indice, et dans quelque lieu qu'il se cache. (On met ici en avant pour la première fois le titre de *Chevalier*, et on le répète dans le 13° deg∴, mais comme une simple dénomination à laquelle ces gr∴ ne s'arrêtent pas, et qui paraît n'avoir d'autre but que de servir de transition à la 4° série, toute chevaleresque par ses formes et ses actes, et en même temps religieuse, surtout dans le dernier gr∴)

Dans la 3° série, composée des gr∴ 12, 13 et 14, le 12°, *G∴ Maître Architecte*, est consacré aux progrès que doit faire celui qui est revêtu d'un pareil titre, dans les connaissances et les qualités qui distinguent le vrai maçon, obligation souvent rappelée, et qui ne peut trop l'être; le 13°, *Chev.·. Royal-Arch*, au courage et à la constance dans la recherche de la vérité; le 14°, *G.·. Elu-Ecossais*, à la reconnaissance pour le roi d'Ecosse, protecteur de la maçonn.·., pour tous les révélateurs et propagateurs des principes de l'Institution, qui, en choisissant habilement ses matériaux dans tous les systèmes religieux et philosophiques, a formé le corps de doctrine le plus sage, à l'union étroite des maç.·. entr'eux, à la pureté morale, au sacrifice généreux et sincère de tout ressentiment.

Dans la 4° série, comprenant les gr.·. 15, 16, 17 et 18, le 15°, *Chev.·. d'Orient*, est consacré à l'héroïsme, qui délivre des concitoyens de la misère et de la captivité, qui travaille et combat pour le bonheur de la patrie; le 16°, *Prince de Jérusalem*, à la récompense des héros libérateurs, à la modestie au milieu des triomphes, à l'esprit d'égalité au milieu des grandeurs; le 17°, *Chev.·. d'Or.·. et d'Occid.·.*, à la sainte alliance des sages de tous les pays, pour propager les saines doctrines par les seules armes de la persuasion; le 18°, *Chev.·. R.·. C.·.*, à la pureté du culte religieux.

Ces simples indications peuvent suffire dans une réception très abrégée; peut-être aussi seraient-elles bonnes à présenter comme récapitulation, à la suite d'une instruction détaillée. Nous y ajoutons dans le chap.·. X, d'après des formules de rituels, des bijoux, emblèmes, etc.; quelques développemens, extraits en partie du *Mémoire sur l'Ecossisme*, où ils sont plus étendus.

APPENDICE DU CATÉCHISME.

Décors, tant pour les atel.·. que pour les maç.·.; bijoux, mots, sign.·., attouch.·., etc.

De ces différens objets, les uns doivent être bien connus;

pour d'autres, qui ont plus ou moins d'importance, et qui sont négligés dans la pratique, il suffit d'en avoir une idée. Le titre d'un gr.·., un décor, un signe, un attouchement, un bijou, etc., donnent quelquefois lieu à des explications instructives. Pour ne pas multiplier des questions et des réponses dont beaucoup seraient oiseuses, nous nous bornerons à une simple mention, telle qu'on peut la faire dans les travaux. Quant aux parties sur lesquelles on croira utile d'interroger, il sera facile de les formuler en demandes et réponses.

Les fabricateurs de gr.·., les décorateurs, brodeurs, etc., ont imaginé des décors différens pour tous les gr.·. (*Mémoire sur l'Ecossisme*, pompe stérile de ce rit.) On s'est heureusement délivré de cet attirail plutôt nuisible qu'utile, embarrassant et très dispendieux. Dans les chap.·., on ne porte plus guère que le cordon de R.·. C.·., et dans les Conseils, que celui de 30e. On a également simplifié le décor des atel.·. Il n'est pas sans intérêt de connaître au moins celui du dernier gr.·. de chaque série, lequel sert pour la série entière, puisque les gr.·. qui le précèdent, n'en sont considérés que comme les préliminaires.

Quant aux mots, s.·. et attouch.·., dont nous ne donnons aussi que ceux du gr.·. qui termine une série, parce qu'on ouvre à ce dernier les trav.·. de la série entière, il est tel degré où ils sont doublés, triplés, quadruplés. Il y a de quoi désespérer la mémoire la plus fidèle. L'effet de cette complication est que la plupart des maç.·. n'en savent presque aucun. Beaucoup de chap.·. s'en tiennent à un seul de chaque espèce, excepté lorsque le même gr.·. en offre plusieurs qui ont un bon motif.

Les rituels n'indiquent pas pour certains gr.·., soit l'âge, soit la marche, soit ni l'un ni l'autre. Dans ce cas, nous nous taisons. Dans tel deg.·. on a un grand âge, et dans d'autres plus élevés on est plus jeune. On trouve bien d'autres contradictions, qu'on peut faire disparaître dans la pratique par le silence, en attendant qu'elles soient corrigées par qui de droit.

PREMIER SÉRIE. Décor de l'*Intend.·. des Bât.·.*, cordon rouge, tablier blanc, doublé en rouge, et bordé en vert. Un triangle pour bijou. — Déc.·. du Temple, tenture rouge, 27 lum.·. par trois fois neuf. — Trois signes, chacun des deux pre-

miers avec un mot, et le 3e avec deux : 1e signe
de surprise, 2e d'admiration, 3e de douleur. Ce
dernier est le s∴ d'ordre. — Attouch∴ pris de
ce signe, avec deux mots, dont le premier est un
des noms de Dieu. — Batterie... — Marche...

SECONDE SÉRIE. Décor du subl∴ Chev∴ Élu,
cordon noir, sur lequel sont brodés trois cœurs
enflammés. Tablier blanc, doublé et bordé de
noir; une petite poche au milieu, sur laquelle
est une croix rouge. Bijou, une petite épée en
or, à lame d'argent, au lieu du poignard, qui
n'est ni maçonn∴ ni français. — Le Conseil des
Élus (titre de la L∴ dans ce gr∴) est tendu de
noir, parsemé de cœurs enflammés, et éclairé
par 24 lum∴ — Signes très antimaç∴ dans certains rituels; dans d'autres, un meilleur : se
croiser.... — Dans l'attouch∴ on prononce alternativement trois mots, qui signifient *alliance, vœu,
intègre*. Un 2e attouch∴ proposé est assez inutile, puisqu'il n'est guère que la répétition de
celui d'un des gr∴ symb∴ — Mot sacré, signifiant *vengeance*, dans quelques rituels; dans d'autres, ce qui est préférable, un des noms de Dieu
les plus révérés. — Mot de passe signifiant *eau
courante*, ou un autre qui a le sens de *véridique*.
— Batterie...

TROISIÈME SÉRIE. Décor du G∴ *Écossais*, cordon
rouge en sautoir, ou de l'épaule droite à la han-
che gauche. Tablier blanc, doublé et bordé de
cramoisi, un petit ruban bleu accompagnant le
bord. Au centre, une pierre carrée, plate, au
milieu de laquelle est un anneau de fer. (C'est
la pierre qui couvre le dépôt de la parole sacrée,
ou Delta mystérieux, que cherche le récipiend∴)
— Bijou, un compas couronné, dont les pointes
ouvertes sont posées sur un quart de cercle de

90 deg.∴, et un soleil au milieu. Les GG∴ écossais portent en outre un anneau en alliance, avec ces mots gravés en dedans : *la vertu unit ceux que la mort ne peut séparer.* — La L∴, qui s'appelle *collége*, représente une voûte souterraine de couleur rouge, avec un grand nombre de colonnes couleur de feu. 24 lum∴, dont 7 à l'est, 9 au sud, 5 devant le 1er surv∴, 3 devant le 2e. — Triple attouch∴ ; dans le premier, on répète alternativement les trois mots du 11e gr∴. — Triple signe, triple mot de passe, triple mot couvert, grand mot sacré, qui est le nom ineffable de Dieu, ce qui fait dix mots pour un seul gr∴ : c'est le cas de simplifier.—Batterie...—Marche... — Age...

QUATRIÈME SÉRIE. Décor du Chev∴ R∴ C∴, cordon en sautoir, rouge d'un côté, noir de l'autre. Une croix avec la rose au milieu. On a imaginé pour le second appartement une chasuble, aujourd'hui vrai jeu de chapelle, qui excite le rire plutôt que le recueillement, costume sans grâce sur l'habit civil, et qui peut contrarier beaucoup d'opinions. Tablier de soie blanche, doublé de noir et bordé de rouge ; un pélican ou un phénix au milieu. Bijou, compas d'or. Comme on néglige assez généralement le tablier, un grand nombre de R∴ C∴ portent pour bijou un pélican. — Deux appartemens. (On a laissé avec raison tomber en désuétude le 3e, qui suppose une croyance superstitieuse, contraire à la justice et à la bonté divine.) Le premier, sombre et lugubre, représente avec des col∴ et des outils brisés, une croix élevée sur le haut d'une montagne. Trois petites col∴ noires pour les voyages, avec transparens, dont chacun porte une inscription. Le second appart∴, éclatant de 33

lum.·., et avec tenture rouge, offre le tableau de
la résurrection. — Trois signes à bien savoir :
1° de reconnaissance ; 2° du bon pasteur, qui est
le s.·. d'ordre ; 3° de secours. — Mot sacré... —
De passe... — Age... — Batterie...

Nota. Dans le *Chev.·. d'Or.·.*, qui a été le plus haut
gr.·., et auquel les réglemens attribuaient de grands priviléges, tandis qu'aujourd'hui il n'est dans l'Ecossisme
qu'un des préliminaires du R.·. C.·., on fait les questions
suivantes : D. Etes-vous chevalier? R. J'en ai reçu le caractère. — D. Faites-vous mieux connaître. R. Commen-
cez, et je finirai. (Le tuileur et l'interrogé prononcent
alternativement le nom des deux tribus qui ont le plus
contribué à la réédification du T.·.) — D. Comment tra-
vaillez-vous? R. Le glaive.... — D. Quel âge avez-vous?
— On le fera dire si l'on veut ; mais nous pensons qu'il
faut le changer, ou omettre la question, car il est beaucoup
plus avancé que celui du R.·. C.·., qui vient après. Ces
questions conviennent au Chev.·. d'Or.·. du rit franç.·.,
qui seul constitue le 3e ordre. Elles seraient bonnes à
faire dans l'Ecossisme avant celles qu'on adresse dans le
R.·. C.·., qui termine la série vraiment chevaleresque.

CHAPITRE X.

DÉVELOPPEMENS DU CATÉCHISME.

Section I. OBSERVATIONS GÉNÉRALES SUR LES
GR.·. EN CHAPITRE, ET SUR LA MANIÈRE DE LES
CONFÉRER AUX DEUX RITES.

Le Rit français ajoutait à ses trois premiers
gr.·., un seul supérieur, celui d'*Architecte*. C'était
une conséquence rationnelle de l'allégorie architecturale, sur laquelle était fondé tout le système
de l'initiation moderne. Dans les édifices de
quelque importance, les app.·., les comp.·., les
maît.·. eux-mêmes, ne travaillent que d'après

les plans et sous la direction d'un architecte. Ce 4° gr.·. était appelé le plus grand et le plus subl.·. de la fr.·.-maç.·. Son signe caractéristique était la lettre P, initiale du mot *perfection*. Le manœuvre contractait l'obligation d'être *charitable ;* l'ouvrier, *fidèle et obéissant au prince*, c'est-à-dire à l'état, dont le chef est le premier représentant ; le M.·., *soumis à l'être suprême*. Il était prescrit à l'arch.·. de ne pas se borner à l'accomplissement rigoureux de ces préceptes : il devait porter l'amour de ses semblables et de son pays, jusqu'à ce dévouement sublime qui rend faciles tous les sacrifices, celui même de la vie ; remplir fidèlement toutes les obligations que la religion impose sous le rapport de la morale, et par *religion*, il entendait le sentiment qui reconnaît la loi divine dans la voix de la conscience ; se résigner à la volonté du G.·. A.·., non par crainte et par nécessité, mais par amour (l'amour toujours et partout : c'est le principe de toute perfection) ; se rapprocher enfin de cette perfection autant que le comporte la faiblesse humaine. Interrogé sur le gr.·. dont il était revêtu, il répondait : j'ai l'honneur de connaître la lettre P.

Dix était le nombre favori du gr.·., comme se multipliant facilement à l'infini, et marquant les vertus de tout genre auxquelles les archit.·. devaient s'exercer sans en exclure aucune. Le récipiend.·. montait dix degrés triangulaires équilatéraux, formant une pyramide haute de dix pieds, chaque deg.·. en ayant un. Parvenu au sommet, il y prêtait son obligation. La batterie était de dix coups, par trois, deux, un et quatre (C, suite des notes A et B du 3° cahier).

Tel était tout le système maç.·. Il n'y avait là ni Judaïsme, ni vengeance templière, ni rappel haineux de quelque autre victime religieuse ou politique, en un mot, aucun esprit de secte. Une pareille maç.·. avait le mérite qui lui est indispensable, celui de pouvoir être universelle (p. 179 et 180). Ses prescriptions étaient bonnes, simples, et telles qu'aucun sectaire, aucun habitant du globe, ne pouvaient les renier.

D'un autre côté, cette simplicité naïve ne répondait plus aux progrès des idées et des lum.·., et à l'esprit philosophique qui s'introduisait dans presque toutes les classes. Il fallait un supplément de gr.·. qui présentassent des alimens à l'activité de l'intelligence. Le moment était favorable pour couronner l'édifice, ou plutôt pour en élever un nouveau sur les bons fondemens qu'on avait. Que ne s'est-il rencontré pour l'entreprendre, un homme qui réunissant la sagesse au génie, en eût la pensée et le loisir!

L'Ecossisme s'était glissé en France. Beaucoup de LL.·. furent séduites par sa pompe, qui a plus d'éclat que d'utilité, par ses titres fastueux, par ses brillans cordons. Nous ne répéterons pas ici les reproches qu'on est en droit de lui adresser : nous les avons exposés dans le mémoire déjà cité (D). Notre tâche dans ce Cours est, comme celle des présidens dans leurs fonctions, de chercher à faire valoir ces gr.·. nombreux, par la manière de les conférer, et non de nous livrer à des critiques sévères. Le G.·. O.·., obligé de composer avec l'engouement général, introduisit dans le rit français, vers 1786, les gr.·. des chap.·. écossais. Mais effrayé de leur grand nombre, il les réduisit à quatre, qu'il désigna sous le nom d'Ordres : *Elu secret*, G.·. *Elu Ecossais*, *Chev.·. d'Or.·.*, *R.·. C.·.* C'était trop ou trop peu : il valait mieux adopter franchement les quinze

gr∴ capit∴ avec leur distribution en quatre séries, qui, en ce point, n'établit entre les deux
rites, qu'une très légère différence.) Cette dénomination d'ordres, substituée à celle de gr∴,
semble avoir eu pour but de dissimuler la muti-
lation. N'était-ce pas aussi autoriser les chap∴ à
croire qu'ils pouvaient pratiquer les gr∴ suppri-
més, pourvu qu'ils eussent soin de les rattacher
respectivement à chacun des quatre ordres, et
de ne les mentionner que comme préparatoires
des gr∴ principaux? On adoptait donc et l'on
rejetait tout à la fois l'Écossisme. Quoiqu'il en
soit, cette organisation des chap∴ franç∴ fit
disparaître le gr∴ d'Architecte.

Il disparut à plus forte raison devant l'Écossisme, qui donna pour ainsi dire la monnaie de
ce gr∴ par ses onze premiers, du 4e au 14e, faisant suite à la maîtrise quant à la doctrine,
comme nous l'avons dit Q∴ 3 du catéch∴, mais
une suite assez mal conçue. La plupart, en effet,
n'ont qu'une très faible importance, quelques-
uns même sont essentiellement mauvais, et l'on
ne peut en tirer des déductions raisonnables
qu'en s'emparant d'un emblème, d'un bijou, d'un
signe, attouchement ou mot, de leur dénomination, ou de toute autre circonstance accessoire.
Des auteurs ne pouvant expliquer un gr∴, se
mettent à leur aise en conseillant de le supprimer. Mais la série serait interrompue et tronquée,
ce qui ne peut se faire à moins d'une refonte
totale, qui n'est pas sans danger (p. 131 et 132).
Il y a plus d'adresse et de mérite à traiter chacun
de ces gr∴, quel que soit son nom, quelles que
soient ses formes, qu'on a la liberté de modifier,
comme un cadre dans lequel on a un beau tableau à placer. On perfectionne ainsi la maç∴,

et l'on ne risque pas de la bouleverser. Un de ces tableaux, par exemple, pourrait être celui de l'*histoire* des *Initiat.˙. anc.˙. et modernes*. Il y a là matière à des considérations et à des récits variés, assez nombreux pour fournir, comme objet général des trois premières séries, des instructions intéressantes dans chacune. La nécessité de cette étude ne ressort pas du caractère de ces séries aussi explicitement que celle d'avoir des notions sur la chevalerie et sur le culte, ressort de la quatrième. Mais puisque les trois premières ne présentent pas dans leur ensemble un but positif, et qu'elles obligent à la répétition de moralités qui se trouvent plus ou moins textuellement dans les gr.˙. symb.˙., il nous semble rationnel de leur affecter celui que nous proposons. Le maître qui a bien compris la haute portée de la philosophie morale, religieuse, naturelle et sociale, professée dans les trois degrés qu'il a reçus (p. 237), ne doit-il pas être empressé de connaître la véritable origine, la marche et les ramifications de la belle institution à laquelle il appartient, les faits, bien constatés, qui la concernent, afin de ne pas les confondre avec les contes et les rêveries mystiques, les faits surtout qui révèlent sa doctrine à des époques et dans des contrées si diverses ?

On devrait à la rigueur conférer séparément et avec les développemens convenables, chacun des quatre ordres franç.˙., ou chacune des quatre séries écossaises, ce qui prendrait quatre séances, ou au moins deux, en conférant dans une seule deux ordres ou séries, et nous conseillons cette marche aux chap.˙. qui n'en sont pas empêchés par de graves considérations. Mais le besoin de ne pas trop multiplier les séances ; l'empressement

que manifestent les récipiend.˙. pour parvenir
au R.˙. C.˙., qui est le seul objet de leurs désirs,
et qui leur paraît le principal, presque l'unique
gr.˙. des chap.˙.; le faible intérêt que présentent
les premiers ordres ou les premières séries, qui
n'exigent que quelques mots d'instruction, n'é-
tant en général qu'une pâle et informe répétition
de la Maîtrise, et dont la première et la troisième
devraient être réunies si elles n'étaient coupées
par la malencontreuse série des Elus ; toutes ces
causes réunies déterminent beaucoup de chap.˙.
à conférer tous les gr.˙. capit.˙. en une seule
séance. Ils y semblent même autorisés par les
Statuts Généraux, qui parmi ces gr.˙., n'en distinguent que deux comme ne pouvant être simplement communiqués, savoir, le G.˙. Elu Ecossais et le R.˙. C.˙. * C'est dire assez clairement
que les autres n'ont qu'une importance secon-
daire. Ces chap.˙. passent en conséquence rapi-
dement sur les deux premières séries, confèrent,
en abrégeant les cérém.˙., qui ont grand besoin
d'être simplifiées, le G.˙. Elu Ecossais, qui termine la 3ᵉ, et mettent dans la collation du R.˙.
C.˙. la solennité requise, après avoir bien expliqué les trois beaux gr.˙. qui le précèdent. Les
chap.˙. du rit franç.˙. suivent une marche ana-
logue, c'est-à-dire qu'ils expliquent chacun des
quatre ordres avec plus ou moins de développemens, suivant leur importance. En négligeant
l'attirail et les cérém.˙. inutiles, pour ne pas les

---

* Nous entendons par *communication*, non pas seulement de faire prêter l'obligation, de consacrer, et d'indiquer les m.˙., s.˙. et attouch.˙., mais de n'omettre que
les cérém.˙., et de donner aux récip.˙. les instructions qui
ressortent des gr.˙.

qualifier plus sévèrement, le tout peut se faire dans une séance. Mais dans ce cas, nous conseillerions de fixer l'attention des récipiend.·. seulement sur les m.·., s.·. et att.·. des 14° et 18° gr.·. Si en effet on veut leur donner ceux des séries précédentes, ils en seront effrayés, et dans le désespoir de les retenir tous, ils ne s'attacheront à aucun. Du reste, il est bien entendu que chaque chap.·. a la faculté de faire deux séances, ou même quatre.

Il nous semble facile de concilier la collation des quatre séries ou ordres en une ou deux séances avec les avantages d'une instruction complète. La promotion aux deux gr.·. non communicables de G.·. Elu et de R.·. C.·. exigeant des frais, les chap.·. ne s'y livrent ordinairement que lorsqu'un certain nombre de maîtres se présentent pour y être élevés, sauf les cas d'urgence, dans lesquels on restreint le cérémonial, et par conséquent l'appareil. (Voir le dernier alinéa de la p. 210, sur la nécessité d'avoir pour les mêmes gr.·. un cahier complet, et un abrégé.) Il est rare qu'un chap.·. réunisse quatre fois par an assez de maîtres pour une promotion solennelle; et cependant un chap.·. qui veut entretenir le zèle et l'activité de ses membres, et pourvoir à leur instruction, ce qui engage les maîtres à demander la faveur d'y être admis, afin d'augmenter leurs connaissances maçonn.·., doit se réunir au moins une fois chaque trimestre. Les séances sans réception seraient utilement consacrées à une instruction sur les séries ou ordres dont la collation aurait été précédemment abrégée. Les chap.·., sans s'imposer des frais extraordinaires, rempliraient parfaitement ainsi le vœu des rituels, en instruisant leurs membres sur l'ensemble et les détails de tous les gr.·. qui sont dans leurs attributions, et la qualité de R.·. C.·. ne se réduirait pas à un vain titre, au droit de porter un cordon brillant. On verra plus loin que ces instructions peuvent être aussi intéressantes que variées. Mais indépendamment des données que nous soumettons aux lum.·. des atel.·., la science et le zèle fournissent bien d'autres moyens de tirer un parti avantageux, non seulement des quatre gr.·. principaux, mais encore de ceux qui en sont les préliminaires, et pour lesquels on ne trouve guère dans les cahiers officiels que des formules de communication. Notre institution offre un champ si vaste sous les rapports de la religion, de la philosophie et de la science, qu'un homme instruit, et animé de l'esprit maçonn.·., sait donner de l'intérêt à tous les gr.·., en consultant ses propres inspirations plus que la lettre des rituels.

C'est d'après ce plan de la collation des gr.·. capit.·. en deux, et même en une seule séance, sauf des instructions ultérieures dans des réunions sans récipiend.·., que nous allons traiter des quinze gr.·. écossais. Ce que nous en dirons, s'appliquera aux quatre ordres franç.·., à l'aide de quelques retranchemens ou modifications (p. 210, identité de la doctrine des deux rites). Ainsi le rit franç.·. n'a rien de la 1re série écossaise ; le premier ordre, l'Elu, correspond à la seconde série ; le 2e O.·., G.·. Ecossais, à la 3e ; les 3e et 4e O.·., à la 4e, l'Ecossisme ne faisant qu'une série du R.·. C.·. avec les trois gr.·. précédens, parmi lesquels est le Chev.·. d'Orient, tandis que le rit franç.·. établit deux O.·. distincts avec ce dernier gr.·. et le R.·. C.·.

Des auteurs qui donnent pour de l'histoire

leurs romans bien peu dignes de la maçonn.˙., ont attribué à Salomon la fondation de la plupart de ces gr.˙. Nous croyons avoir prouvé note A, p. 211, qu'on n'a pas besoin de remonter si haut. On a essayé de leur donner à tous des explications physiques. Ainsi l'on a prétendu que les différentes couleurs symbolisent les phases graduées de la végétation, la marche des saisons, de la vie humaine ; que l'emploi des nombres mystérieux se rapporte aux élémens générateurs ; que les emblèmes s'appliquent aux opérations de la nature dans le ciel et sur la terre ; que le chev.˙. d'or.˙. et d'occid.˙., par exemple, figure le cours apparent du soleil. Les philosophes hermétiques ont tout expliqué d'après l'alchimie, comme ils l'ont fait pour les brillantes fictions de la mythologie des Grecs.

D'autres ont cherché dans nos cérémonies des rapports avec les fables anciennes, qui elles-mêmes étaient en grande partie des allégories physiques. Ainsi, pour excuser les formes révoltantes d'une des séries, on a dit que le poignard et le cri de vengeance existaient dans les mystères de l'antiquité. Il y aurait plus d'une réponse à faire à cette assertion ; mais en l'admettant comme exacte en tout point, devons-nous emprunter à des temps anciens, à une civilisation si différente de la nôtre, ce qui est contraire à l'esprit de l'initiation moderne, à celui de nos lois pénales, à la douceur de nos mœurs, qui approuvent la punition légale du crime, mais repoussent avec horreur les idées de vengeance, la férocité qui fait parade de ses poignards, et qui présente des têtes sanglantes avec l'orgueil du triomphe ?

D'autres enfin ont voulu voir dans ces gr.˙. le

symbole des professions les plus nécessaires à la société. Il faut de grands efforts d'imagination pour y faire cette découverte, et encore plus pour la démontrer. D'ailleurs, ce système appartient évidemment au 2ᵉ gr.·., consacré, non pas à telle ou telle profession, mais aux arts manuels en général, qui assurent notre existence, comme le 3ᵉ l'est aux productions du génie, qui l'embellissent; comme le premier, au principe religieux, au perfectionnement de soi-même, à la charité : système complet, tel qu'il convenait aux trois gr.·. qui constituaient autrefois toute la maçonn.·., système dont les gr.·. ajoutés ne peuvent offrir que des sujets de développemens, et d'applications particulières. Que manquerait-il en effet pour le bonheur d'une société au sein de laquelle régneraient la moralité appuyée sur la religion primitive et pure, la bienveillance mutuelle, l'industrie, l'activité, les lumières, la pratique des arts et la culture des sciences?

Quelques-unes de ces interprétations peuvent être ingénieuses; mais on conviendra que la plupart sont obscures, conjecturales, péniblement amenées. Que ceux qui se plaisent à ces bagatelles difficiles (*difficiles nugæ*, comme les appelait un ancien philosophe), en amusent leurs loisirs. Ils nous permettront aussi de ne nous arrêter qu'à ce qui est clair, certain, facile à prouver et à comprendre, et surtout utile à l'amélioration individuelle et sociale.

Les m.·., s.·. et attouch.·. de l'ordre chapitral, sauf ceux de la 2ᵉ série, qu'on a remplacés par d'autres (p. 223), prêtent à d'heureuses explications. Les premiers sont en général des symboles d'union, d'amour, de soutien et de secours mutuels. Les différens noms du G.·. A.·., et leurs

11.

syncopes, reviennent fréquemment, comme pour rappeler aux maç∴ qu'ils sont toujours en présence d'un père et d'un juge suprême. On ne trouve pas ces noms sacrés mêlés à ceux de puissances inférieures, ce qui nous avertit de rendre à Dieu un culte pur, dégagé de toute superstition, de toute pratique stérile, indigne de la majesté de ce culte. Le mot de passe du R∴ C∴, signifiant *Dieu avec nous*, a évidemment le même but. On y trouve encore deux mots *Joha... Beni...*, qu'on interprète dans le sens de *fils de Dieu*. De tout temps on a ainsi appelé les gens de bien : méritons ce beau titre. Enfin il y a des mots qui signifient *lum∴, alliance, bon cœur, bon courage, bon frère, liberté*. Ils indiquent par eux-mêmes, et sans qu'il soit besoin de commentaires, les nécessités de la maç∴, nos devoirs, ce que nous avons de plus cher.

Section XII. DEUX NUANCES DISTINCTES DANS L'ENSEMBLE DES GR∴ CAP∴, ET OBJET SPÉCIAL DE CHACUN.

La question 3 du cat∴ a indiqué ces deux nuances. De cette distinction il doit résulter pour la pratique, que les gr∴ symb∴ ayant à peu près épuisé tout ce qu'il y a de bon à prendre dans le symbole architectural, il faut, sans négliger les trois premières séries écossaises (deux premiers ordres franç∴), s'attacher avec un soin particulier à la 4e série (3e et 4e ordres), qui présentent aux recherches et aux méditations des maç∴ des hauts gr∴, deux sujets dont l'influence sur les destinées humaines a été plus ou moins sensible suivant les lieux et les temps, savoir, la chevalerie et le culte religieux (E). Un autre sujet, non moins intéressant sous le même point de

vue, est réservé pour les gr.˙. supérieurs à ceux
du chap.˙. Ainsi les gr.˙. capit.˙., placés dans
l'Ecossisme entre la maç.˙. symb.˙. et la maç.˙.
philosophique (toujours chevaleresque), se re-
lient à la première par les onze premiers, et à la
seconde par les quatre derniers. Voilà, ce nous
semble, un système suivi, cohérent, qui agrandit
le domaine de la science maç.˙., science vraie,
positive et humanitaire, et devant lequel tout le
fatras nébuleux, métaphysique, judaïque, tem-
plier, prétendu scientifique et astronomique, est
bien peu de chose. Nous aimons beaucoup la
science, et particulièrement celle de l'astrono-
mie; mais ce n'est pas dans les ouvrages de
maçonn.˙. que nous l'étudions. L'histoire aussi est
fort de notre goût, parce qu'elle confirme les théories de la philosophie morale par les faits, et par
l'expérience de tous les temps et de toutes les
nations. Mais d'après la manière dont on a traité
jusqu'ici certaines parties de l'histoire maçonn.˙., nous pouvons, en n'appliquant le reproche qu'à ce qui le mérite, signaler encore le
fatras historique.

Le simple exposé que nous venons de faire,
laisse déjà entrevoir la grandeur et l'utilité de
l'ensemble ainsi considéré, quelles que soient les
défectuosités et les superfétations de quelques-
unes de ses parties. Il est facile de faire valoir
celles-ci de manière que ce qui abonde, corro-
bore le système au lieu de lui nuire.

§ I. PREMIÈRE PARTIE DES GR.˙. CAPITUL.˙., FAISANT
SUITE À LA MAÎTRISE, ET COMPRENANT LES ONZE
PREMIERS GR.˙. ÉCOSS˙., ET LES DEUX PREMIERS
ORDRES FRANÇ.˙.

Nous avons vu que ces onze gr.˙. forment trois

séries. Les Prés∴ ont le choix, ou de s'en tenir pour les dix premiers, de 4 à 13, à une simple communication, et de conférer régulièrement le 14°, complétant la 3° série; ou, pour varier, de donner avec un peu plus de développement, tantôt la première, tantôt la seconde, sans préjudice de la 3°, dont la collation régulière est de rigueur d'après la disposition que nous avons rapportée des Stat∴ génér∴, et parce que d'ailleurs cette série est la plus intéressante des trois, et offre quelques aperçus qui ne sont pas dans les gr∴ précédens.

Première série, exclusivement écoss∴, gr∴ 4, 5, 6, 7 et 8.

Ce que nous avons dit dans nos cah∴ symb∴, sur la préparation du récipiend∴, son introduction, les questions qu'on peut lui adresser, la disposition du T∴, etc., s'applique à tous les gr∴. Ce sont les mêmes principes, sauf les variantes que chaque gr∴ exige.

Que la séance se termine par la 3° ou par la 4° série, la tenture rouge est la même pour les deux, ainsi que pour la première. Il n'est donc besoin que d'une chambre séparée, tendue en noir pour la 2°, et pour le premier appart∴ du R∴ C∴. Quant aux lum∴, on en mentionne le nombre pour l'expliquer allégoriquement; mais on s'astreint peu à l'exacte réalité. On procède de même pour une grande partie du matériel. Il y a encore de choquantes contradictions à l'égard de ces lum∴ : on en prescrit 33 dans le 18° gr∴, et 81 dans le 4° !

Les préliminaires étant remplis, il est bon que le Prés∴ prévienne l'espèce d'effroi que doit inspirer aux récip∴ l'accumulation de tant de gr∴, et, par suite, d'un grand nombre de m∴, s∴ et att∴ Il l'avertit que les 15 g∴ se réduisent, par le fait de leur classification en séries, à quatre seulement, et même provisoirement à deux, si l'on réserve pour une séance libre les détails de la première et de la seconde, ce qui est sans inconvéniens, puisque les visiteurs sont reçus dans les chap∴ en donnant, suivant le gr∴ auquel on travaille, les m∴, s∴ et att∴ du Grand Elu ou du R∴ C∴

Le *Maître secret* et le *Maître parfait* indiquent, par leurs noms mêmes, qu'ils sont le complément de la maîtrise. Dans le dernier de ces gr∴, on pleure encore la mort d'Hiram. Pour remplir cette devise : *l'éclat du jour chasse les ténèbres*, nous devons remplacer notre ignorance et nos erreurs par le savoir, et par la connaissance de la vérité. Pour être fidèles à cette autre : *on a passé de l'équerre au compas*, nous devons mettre dans notre conduite encore plus d'exactitude et de régularité qu'auparavant. Ce gr∴ est aussi l'emblème de la vigilance et du travail; car on s'y met à l'ouvrage depuis la pointe du jour jusqu'à la nuit. La clé, qui est un de ses ornemens, nous rappelle d'une manière expresse une des premières obligations du maç∴, la discrétion et le silence, la discrétion, vertu si nécessaire à notre bonheur, et dont le défaut a souvent des suites bien funestes.

Le titre de *Maître parfait* nous avertit de ne pas nous reposer que nous ne soyons arrivés à toute la perfection dont l'homme est susceptible. Il était fidèle à cette obligation, ce maç∴ illustre qui a désarmé le ciel et les tyrans, qui s'imposait chaque semaine la pratique spéciale d'une vertu, et qui par là est parvenu à les réunir toutes dans sa personne. Si nous ne pouvons rendre au monde et à notre patrie d'aussi importans services que Franklin, imitons du moins les nobles efforts qu'il fit pour être dans sa vie privée aussi vertueux qu'il était grand dans sa vie publique. L'appareil du gr.·. représente * une fosse, un cadavre, une corde pour l'en retirer, un sépulcre fait en forme de pyramide surmontée d'un triangle entre quatre cercles et quatre carrés. La fosse et le cadavre sont l'emblème de l'homme mort à la raison et à la vérité, enseveli dans les ténèbres de l'erreur, dont il est retiré, comme à l'aide d'une corde, par la houpe dentelée, lien sacré par lequel les maç.·. des deux mondes sont unis pour chercher ensemble la vérité. La pyramide et son couronnement figurent le maç.·. zélé, qui s'élève par degrés jusqu'à la connaissance de cette auguste vérité. Les quatre cercles et les quatre carrés peuvent être regardés comme des symboles de l'immensité et de la solidité des ouvrages de l'Eternel.

La L.·. du 6e gr.·. *secrétaire intime,* ou *Maître par curiosité,* représente la salle d'audience des maîtres dans le palais de Salomon, qui reçoit la

---

* Ou du moins est censé représenter. Nous l'avons déjà dit, et nous le répétons : lorsque nous parlons de ce genre d'appareils encombrans, et dont la réalisation serait aujourd'hui un enfantillage, c'est à cause des déductions que l'on peut en tirer. On n'en surcharge pas les atel.·., et l'on fait bien. Ce ne sont plus que des fictions dans les rituels. Au reste, parmi les appareils et emblèmes que nous citons, il en est dont certains cahiers ne font pas mention ; mais ils se trouvent dans ceux que les corps constituans qui les possèdent, assurent être les rituels du véritable Ecossisme : peu importe, pourvu qu'on s'en tienne à la mention, et qu'on les explique.

visite du roi de Tyr, Hiram. Peu s'en faut qu'un maître parfait ne soit victime de son zèle et de sa curiosité. Mais ses bonnes intentions étant reconnues, il est récompensé par le gr∴ de secr∴ intime. Il y a là une double leçon : 1° lorsqu'on croit avoir reçu une offense, il faut, avant tout, examiner l'intention, et ne pas s'irriter si elle n'a pas été coupable; dans le cas contraire, la générosité maçonn∴ pardonne encore, mais se met en garde contre un ennemi qui ne témoigne pas de repentir; 2° autant la curiosité indiscrète est blâmable, autant celle qui a de bons motifs, mérite d'éloges.

Dans le 7° gr∴, *Prévôt et Juge*, ou *Maître Irlandais*, la clé d'or, qui est le bijou, est un signe de la fidélité du dépositaire de secrets ou objets précieux, de la confiance qu'on a dans le récip∴ en l'élevant à ces premiers gr∴ supérieurs, confiance qui lui donne l'espoir de parvenir aux derniers, pourvu qu'il apporte dans l'ordre *le zèle, ta pureté de mœurs, et toutes les vertus sociales dont la base est la justice*, figurée par la balance, un des insignes du gr∴, et par son titre. Cette balance indique aussi que le maç∴ doit combattre ses passions, les mettre en équilibre avec la raison, être pour lui-même un prévôt et un juge sévère.

Dans le 8° gr∴, *Intendant des Bâtimens*, ou *Maître en Israël*, le candidat doit répondre sur tous les degrés précédens (obligation très essentielle, p. 135 et 136). Il y est question de créer un chef de chaque ordre d'archit∴, c'est-à-dire, d'avoir pour les diverses connaissances, des maç∴ capables d'instruire les autres. Il s'agit encore de terminer les trav∴ de la ch∴ secrète, c'est-à-dire, de former des maç∴ qui comprennent bien les véritables mystères de l'initiation.

Le cercle dans le triangle indique l'action perpétuelle et régulatrice du G.·. et éternel A.·., qui, suivant la belle expression de Platon, *géométrise* sans cesse. La nature en effet se repose-t-elle un seul moment dans ses transformations infinies? Le vert dans le tablier symbolise l'espérance, et particulièrement celle d'arriver par la constance du zèle et du travail, à des connaissances plus élevées. L'aspirant n'est admis qu'en reconnaissant son ignorance, ce qui est une leçon de modestie; il l'est pour dissiper les ténèbres, acquérir la V.·. L.·., diriger son cœur, éclairer son entendement. Il monte les *sept marches de l'exactitude*, et connaît les *cinq points de fidélité*, que l'on explique ainsi : *agir, intercéder, prier, aimer ses frères, les secourir*. En effet, le maç.·. doit toujours agir, c'est-à-dire être occupé d'œuvres bonnes et utiles. Il doit prier, c'est-à-dire, adorer Dieu en esprit et en vérité. Il doit intercéder pour ses frères, c'est-à-dire, leur rendre tous les services possibles par des démarches officieuses, et par ses recommandations. Il n'est pas besoin de commenter les deux points de fidélité qui consistent à aimer ses semblables et à les secourir.

Seconde série écossaise, les Elus, gr.·. 9, 10 et 11, *répondant au premier ordre* franç.·. L'élu secret.

Modifions les formes très répréhensibles de ces gr.·. (p. 236), et ne nous occupons que des motifs louables qu'on y trouve facilement (Q.·. 4). Nous verrons ici dans les assassins d'Hiram, les malheureux qui en couvrant la terre des nuages de la superstition et de l'erreur, ont porté un coup funeste à la vérité, et dans l'épée qui

les punit, le flambeau des lumières, avec lequel
nous devons éclairer nos semblables, tuer d'une
manière aussi sûre que paisible, toutes les tyrannies, toutes les impostures. Les seules armes
des maç∴, ce sont celles de la science, de la
raison et du cœur.

Le mal vient encore ici de la manie de tout
mettre en action. Nous avons vu p. 206, quelles
anomalies en résultent à l'égard du meurtre
d'Hiram. Dans la série qui nous occupe, le châ-
timent est juste; ceux qui l'ordonnent, représentent les juges, dont le devoir est de réprimer
les attentats contre l'ordre public et la sécurité
de chacun. Mais ce n'est pas une raison pour
nous faire assister à une exécution dont le mode
et les détails inspirent le dégoût, et ont fourni
aux ennemis de l'Institution le prétexte d'atroces
calomnies contre elle-même et contre ses partisans.

*Troisième série, gr∴ 12, 13 et 14, répondant au 2e
O∴ fr∴ Le G∴ élu.*

Toute l'instruction et tout le matériel du 12e
deg∴, G∴ M∴ Arch∴ se rapportent à l'architecture. Ici, pour faire remarquer le bon choix
que la maç∴ a fait de ce bel art pour son principal emblème, on peut rappeler ce que Platon
fait dire à Socrate dans un de ses dialogues,
savoir, que l'architecture, au moyen des instrumens et des mesures dont elle se sert, est un des
arts qui ont le plus de justesse et d'exactitude.
On ne peut donc présenter un meilleur type
à la conduite du maçon, auquel les premiers
gr∴ ont appris que cet art précieux est le symbole de cette architecture intellectuelle, qui
consiste à faire de nous-mêmes un temple digne

de la haute mission que nous avons reçue de l'auteur de la nature.

Le discours historique et l'instruction du 13ᵉ gr∴ *Royal-Arche*, sont très mystiques, et ne peuvent passer qu'à l'aide de l'allégorie. La L∴ se tient dans un souterrain sans porte et sans fenêtre, avec une trappe au sommet. On y possède la colonne d'airain subsistant après le déluge. Ce sont autant de signes, qu'on retrouve dans la Bible, et dans les traditions de plusieurs peuples anciens, du soin avec lequel les connaissances acquises ont été conservées, et ont reparu après quelque grande catastrophe. Il en est de même du Delta lumineux, portant le nom sacré, ineffable, que l'on découvre à la grande arche, dans les profondeurs de la terre. Il a fallu bien du courage, bien de la persévérance, il a fallu affronter bien des dangers, pour franchir huit arches, construites les unes sur les autres, et pour arriver jusqu'à la neuvième. Ainsi l'on ne trouve la science qu'après de longues et pénibles recherches (Q∴ 4 du cat∴). Ce Delta si bien caché figure la doctrine d'un Dieu unique, que la superstition n'aurait pas soufferte en présence des Dieux de sa création. Comme le mot ineffable, la vérité ne doit être présentée qu'à ceux qui sont capables de la comprendre.

Des maç∴ ambitieux et jaloux avaient aussi essayé de fouiller dans les ruines, mais ils y avaient péri. La science, source de tant de biens, est un instrument funeste à celui qui ne la cultive que par des motifs d'orgueil, et qui n'a pas des intentions pures et bienveillantes.

Le 14ᵉ gr∴ *G∴ Ecossais de la voûte sacrée de Jacques VI*, appelé aussi *G∴ Ecossais de la perfection*, ou *G∴ M∴ Elu*, est consacré à la reconnaissance.... (Q.·. 4). En ouvrant les trav.·., on invoque le G.·. A.·. pour que la paix et la charité resserrent les liens de l'union des maç.·., et que le zèle de la perfection les anime tous. Celui qui a ce zèle, acquiert toutes les vertus; car une bonne qualité conduit à une autre. Il ne laisse aucun accès dans son cœur à l'iniquité, à la vengeance, à la jalousie. Il est toujours prêt à faire le bien, et jamais il n'emploie sa langue à la médisance et à la calomnie.

Le récip.·. s'engage à s'occuper sérieusement de l'œuvre de sa perfection, à secourir ses frères, à les visiter dans leurs maladies, à ne faire parmi eux d'autre distinction que celle de la vertu. Il porte un anneau (appendice du cat.·.), comme signe de l'alliance qu'il contracte avec la vertu et les hommes vertueux, et promet de ne s'en défaire jamais. Il lave ses mains dans la mer d'airain; il reçoit l'onction, signe de pureté; il dépose à l'autel des holocaustes, et la tête penchée sur un gril, tout ressentiment qu'il pourrait avoir, marque d'un entier oubli, d'un pardon sincère et sans réserve.

Nota. Il est bien entendu (note de la p. 242) qu'on peut se borner à la mention de la mer d'airain, du gril, de la hache, du sacrificateur, de son costume, et autres appareils, qui ont pu produire de l'effet dans un temps, et qui ne conviennent plus aujourd'hui que c'est à l'intelligence surtout qu'il est indispensable de parler. Si l'on suivait les rituels à la lettre, il faudrait dans certains gr.·., étaler la magnificence et le luxe d'un roi puissant, environné d'une cour brillante, et recevant d'autres rois. Il est tel gr.·. où tous les frères devraient être assis sur des trônes. Dans d'autres, il faudrait avoir à sa disposition de vastes campagnes, des fleuves, des ponts, des palais. Ne pourrait-on pas aussi modifier quelques titres de manière à les rendre un peu plus modestes et plus sensés. A leur risible emphase, se joint quelquefois l'insolence d'un despote accoutumé à regarder les hommes comme une vile pous-

sière, témoin le mode indiqué, et non suivi, pour la demande du gr∴ de R∴ C∴.

Il y a dans le G∴ Elu une pierre cubique dont une surface est partagée en 81 cases, 9 par 9, chacune contenant
une des lettres qui forment les mots des gr∴ antérieurs.
Cette pierre est surmontée d'un triangle en quinze cases,
également avec lettres composant des mots du grade. Ordinairement on lit de bas en haut, et de gauche à droite;
mais la combinaison et les mots ne sont pas les mêmes
dans toutes les représentations de ces deux figures, ce qui
en rend le déchiffrement difficile. Aussi on le néglige, et
d'autant plus que le maç∴ attentif, qui se fait, pour les
m∴ s∴ etc∴, son petit *memento*, de manière à ce qu'il
soit lisible pour lui seul, n'a besoin à cet égard, ni de livres, ni de tableaux gravés. Cette pierre cubique des
chap∴ pourrait porter des indications plus utiles, et qui
seraient en rapport progressif avec les considérations de
la p. 170.

Le 14e gr∴ est ordinairement terminé par une espèce
de communion assez semblable à la cène du R∴ C∴. Elle
est bonne à faire, si l'on termine la séance par le G∴ Elu.
Elle ne serait qu'une répétition inutile, si l'on conférait le
18e immédiatement à la suite.

§ II. SECONDE PARTIE DES GR∴ CAPIT∴, AYANT POUR
OBJETS LA CHEVALERIE ET LE CULTE, ET FORMANT LA
4e SÉRIE ÉCOSSAISE, gr∴ 15, 16, 17 *et* 18, QUI
RÉPOND AU 3e O∴ FRANÇ∴, *le Chev∴ d'Or∴*, ET
AU 4e, *le Chev∴ R∴ C∴*

La maçonn∴, conservant toujours le même
but d'amélioration, prend ici dans ses moyens
un caractère tout différent de celui de ses trois
premiers degr∴, et des onze capitulaires, qui en
étant la continuation, obligent souvent d'en
répéter les préceptes et les conseils (F). On peut
dire que, sauf quelques réminiscences dont les
gr∴ subséquens offriront de faibles traces, la
maç∴, d'architecturale et adonhiramite qu'elle
était, va devenir presque exclusivement chevaleresque, et que, sous ce rapport, l'ordre cha-

pitral ne commence en réalité qu'au gr∴ de
chev∴ d'Orient, pour finir au 33°. Mais dans les
dix-neuf degrés qui restent à parcourir, cette
chevalerie, introduite dans l'iniat∴ moderne,
porte un drapeau sur lequel sont inscrits deux
mots qui ont eu une grande influence en bien ou
en mal, suivant qu'ils ont été bien ou mal compris. Ces deux mots sont RELIGION, PHILOSO-
PHIE, sur lesquelles la maç∴, dans ses premiers
gr∴, se contente de poser quelques théories générales, mais provoque dans ses deg∴ supérieurs,
la plus sérieuse attention de ses disciples. Si les
preux chev∴ ont été peu philosophes, les maç∴
doivent l'être : aussi une classe entière de gr∴
que nous examinerons plus tard, est-elle consacrée à l'étude de la philosophie. Quant à la
religion, les preux, d'après les idées de leur époque, ne l'ont vue que dans un système exclusif :
les maç∴ la voient de plus haut. Ils s'en occu-
pent particulièrement en chap∴, non pas seulement sous le rapport du sentiment intérieur,
comme ils l'ont fait dans les gr∴ précédens, mais
sous celui de la manifestation extérieure de ce
sentiment par le culte.

Commençons par exposer, d'après la marche
que nous avons suivie, la spécialité de chacun
des gr∴ qui composent la 4ᵉ série, la plus belle
et la plus intéressante des quinze gr∴ capitulaires. Nous traiterons ensuite des deux sujets
généraux de cette série.

Le 15ᵉ deg∴, *Chev∴ de l'Orient*, ou *de l'Epée*,
nous offre le sublime exemple d'un prince qui,
par les plus nobles efforts, et en bravant tous les
dangers, parvient à délivrer ses frères de la captivité, à les ramener dans leur patrie, et qui, le
glaive dans une main, et la truelle dans l'autre,

relève leur temple et leurs autels, en prenant
pour devise le mot *libertas*, mot sacré qui doit
changer le monde.

Si ce grade est beau sous le rapport historique,
il ne l'est pas moins par les allégories auxquelles
il donne lieu, et qui ne cessent pas d'être pré-
cieuses, quelque opinion que l'on ait sur la réalité ou sur la fiction des faits rapportés. S'ils
sont exacts, ils appartiennent au genre historique ; s'ils ne le sont pas, on les accepte encore,
mais comme des allégories, et l'on regarde
les personnages comme des types. (Voilà sans
doute pourquoi les maç∴ ne sont pas difficiles
sur l'histoire.)

Cyrus peut être regardé comme l'emblème de
la vérité, qui nous délivre des fers honteux que
l'erreur nous impose. Zorobabel captif, c'est
l'homme qui d'abord est esclave des préjugés. Il
est triste, parce que, avec cet asservissement, on
ne peut jouir pleinement de ses facultés. Il a les
bras enchaînés par la crédulité. Il est désarmé,
signe de faiblesse; il a les mains sur le visage,
parce qu'il craint la lumière ; il est fouillé par
les gardes, parce qu'un homme qui est le jouet
de l'erreur et de la superstition, peut être dan-
gereux.

Le lion rugissant que Cyrus voit en songe, est
le démon du fanatisme, auquel l'homme ne peut
échapper qu'en cultivant sa raison. La gloire qui
s'élève au dessus des prédécesseurs enchaînés de
Cyrus, nous indique la vérité s'élevant triom-
phante au dessus des erreurs de tous les âges.

Par ces paroles, *rendez la liberté aux captifs,*
nous pouvons entendre que la vérité parle sans
cesse à nos cœurs, et nous avertit d'étendre son

empire sur les ruines de l'ignorance et de la crédulité.

Les trois lettres L. D. P., que portent les chev.·. d'Orient, expriment celui de nos droits sur lequel la tyrannie a le moins de prise, *la liberté de penser.*

Zorobabel est le modèle d'un maç.·. accompli. Il en réunit toutes les qualités, grandeur d'ame, dévouement généreux, courage héroïque, indépendance de caractère, discrétion à toute épreuve. Il refuse de communiquer les secrets de la maçonn.·. à Cyrus, qui cependant est prêt à lui accorder, ainsi qu'à ses compatriotes, le plus grand des bienfaits. « L'égalité, dit-il à ce puissant monarque, est le premier de nos principes. Elle ne règne point ici; votre rang, vos titres, votre grandeur et votre cour, ne sont point compatibles avec les mystères de notre ordre. » Quelle leçon pour ceux qui recherchent les faveurs de la puissance aux dépens de leur propre dignité! Le maçon de ce gr.·. s'appelle *maçon très libre.* Le ciment mystique indique les qualités qui élèvent un être moral à la perfection, *la douceur, la sagesse, la force et la bonté.*

Le 16ᵉ, *Prince de Jérusalem,* suite du gr.·. précédent, est la récompense du zèle de Zorobabel, qui rentre en triomphe à Jérusalem, à son retour d'une ambassade où il a obtenu du successeur de Cyrus en faveur du peuple hébreu, l'assurance d'une protection spéciale. L'instruction donne un excellent motif pour que les maç.·. des hauts gr.·. ne cessent jamais de porter le tablier : c'est afin qu'ils n'oublient pas qu'ils ne sont parvenus à leurs dignités que par le moyen du travail maçonnique, et que se souvenant de leur premier

état, ils soient doux et affables envers tous les
maç∴ des gr∴ inférieurs.

Au moment de l'admission, le président, qui
représente un roi par droit de succession, dit au
récipiend∴ ces paroles remarquables, dirigées
contre la noblesse qui ne se recommande que
par des parchemins : « Votre mérite supérieur,
non seulement vous a rendu mon égal, mais encore vous a élevé au dessus de moi. Vous êtes
prince par une élection judiciaire et par une pro-
clamation générale, et moi, je ne le suis que
par ma naissance. »

Dans son obligation, le récipiend∴ s'engage à
ne jamais abandonner un frère, dans quelque
adversité qu'il puisse se trouver, soit dans les
combats, soit dans les maladies, soit dans les
prisons, à l'aider de ses conseils, de ses amis, de
son épée et de sa bourse. »

Le 17°, Chev∴ d'Or∴ et d'Occid∴, considéré his-
toriquement, rappelle l'époque à laquelle les
croisés d'Occid∴ se réunirent aux maç∴ d'Or∴,
sous la conduite du patriarche de Jérusalem,
pour veiller à la sûreté des Pélerins. Au point de
vue philosophique et moral, il avertit les sages
de tous les pays de se réunir dans un but commun, celui de faire triompher la vérité par les
lumières.

Les emblèmes de ce grade sont, partie astro-
nomiques, si l'on veut les interpréter dans ce
sens, tels que les sept sceaux, les sept chandeliers
de l'apocalypse ; partie moraux, tels que la balance de la justice, l'épée du courage ; un hep-
tagone portant dans l'intérieur l'initiale du nom
de chacune des qualités qui distingueront la
maçonn∴ si nous la pratiquons bien, *beauté*,
divinité, *sagesse*, *puissance*, *honneur*, *gloire*, *force* ;

et désigne en dehors une partie des vertus propres à lui donner ces caractères : *amitié, union, soumission, discrétion, fidélité, prudence, tempérance.* L'aspirant renouvelle l'obligation d'observer les lois de son pays, et de verser son sang pour ses frères.

C'est ainsi que tous les gr.·., quelque peu régulier qu'en soit l'ensemble, quelques bizarres que puissent paraître d'abord les emblèmes et les cérém.·. de quelques-uns, nous portent tous à la pratique d'une vertu, à la recherche d'une vérité utile. Tous ils nous rappellent à ce qui fait la beauté, la force, la perfection de l'homme, c'est-à-dire, à la moralité et à l'instruction. Tous ils nous disent : chassez l'ignorance, chassez le vice; ce sont les deux lèpres de l'humanité. Le gr.·. de R.·. C.·. a le même but; mais à cause de son importance, puisqu'il est le terme de tous les précédens, qui semblent n'en être que la préparation, à cause de ses formes singulières, et des hautes leçons qu'il nous donne, il exige des développemens particuliers, que nous réservons pour le chap.·. suivant. Nous passons aux deux sujets généraux de la 4ᵉ série.

Il est évident, ne fût-ce que par les titres des quatre gr.·. de cette classe, qu'ils se rapportent directement à la chevalerie. En outre, les belles actions de Zorobabel sont de véritables exploits d'un noble et digne chevalier. Il en est de même relativement au culte. Le but principal de ce héros est la reconstruction du temple par ses concitoyens, qu'il ramène dans leur patrie. Toutes les formes, tous les détails de la réception du R.·. C.·., démontrent que son objet, c'est le culte, que la parole perdue est une allusion toute spéciale au culte altéré, que la parole retrouvée

en est une au culte rétabli dans sa pureté primitive, tandis que dans d'autres gr.·., cette parole perdue et retrouvée a un sens plus général,
et symbolise les dégénérations et améliorations
de tout genre, qui sont amenées par le temps
(p. 191 et 192).

N° 1. *La Chevalerie.*

Toute position prescrit des devoirs particuliers, exige des connaissance spéciales. Maçon
des H.·. Gr.·., vous êtes chevalier, et vous ne
sauriez pas ce que c'est que la chevalerie!

Cette institution, née au milieu de l'anarchie
et de la tyrannie féroce du régime féodal, devenue, telle qu'elle était alors, une superfétation
et une anomalie dans l'état, à mesure que l'empire des lois reprit sa force et sa marche régulière, cette chevalerie, qu'on acheva de tuer par
le ridicule (G), parce qu'elle était dégénérée au
point de ne présenter presque plus que des abus,
a soutenu le monde moral, qui semblait prêt à
s'écrouler. Elle a consacré le culte des affections
généreuses, des sentimens magnanimes; elle a
érigé en dogmes quelques-uns de ces principes
qui relèvent l'espèce humaine sous le poids de
l'ignorance et de la barbarie, le principe de l'honneur, celui de la défense des faibles, celui qui
adoucit le plus promptement les mœurs, et qui
nous porte à rendre à la beauté des hommages
respectueux, tendres et délicats; la générosité,
qui ne connaît plus d'ennemi quand il est désarmé ou par terre; enfin, cette maxime qui,
sous une forme simple, énergique et concise,
contient toute la théorie et toute la pratique de
la morale : *fais ce que tu dois, advienne que pourra.*

Quel éclat n'ont pas répandu les vertus des

chevaliers sur ce moyen âge, qui a été l'âge de
fer pour les peuples, et l'âge d'or pour les oppres-
seurs ! quelle fidélité à leur parole ! quelle loyauté
dans leur conduite ! quel attachement à l'honneur ! quelles nobles inspirations dans leur dévouement ! quoique rivaux, quoique ennemis,
quoique brisés, meurtris par les coups terribles
qu'ils venaient de se porter, ils s'en allaient ensemble sans défiance, à travers les bois les plus
épais, ils couchaient souvent dans le même lit.
Ils faisaient le serment, adopté par les maç.·., de
s'aimer, de se secourir mutuellement dans tous
les périls, et, comme on s'exprimait alors, *en tout
encombre, bonne et male fortune*. Ils pratiquaient
cette vertu, quelquefois même envers leurs ennemis mortels. Quoique exaltés par l'amour, ils sa-
vaient en faire un généreux sacrifice à l'amitié.

Il y aurait bien un triste contraste à opposer
à ce tableau ; mais il n'est pas nécessaire que
nous le présentions ici, puisque la maç.·. n'a
emprunté aux principes et aux usages chevale-
resques, que ce qu'ils avaient de bon. Elle s'est
tellement emparée, et de ces principes, et des
formes mêmes de la chevalerie, que des autorités
très imposantes la font descendre directement de
cette institution (p. 80). On trouve en effet dans
la chevalerie tout ce que nous avons parmi nous,
les préparations d'initiés, les réceptions, les chaî-
nes, les voyages, les grades, les testamens, les
gants, les purifications, les sermens, les menaces
de punitions, les promesses de ne rien écrire,
utiles alors, et très faciles à observer, la plupart
des chevaliers ne sachant pas lire, les emblèmes,
les allégories, les dénominations, les insignes, les
patrons, les paroles, signes, attouch.·., mots
d'ordre, les nombres mystérieux, et enfin les

banquets. Toutes ces conformités, dont on peut
se convaincre par la lecture de très bons ouvrages sur cette matière, prouvent que la maç.·.
moderne est la chevalerie adaptée à nos mœurs,
dont nous n'avons dû conserver les usages que
comme des emblèmes, et dont nous devons surtout pratiquer les généreuses maximes. Cette
imitation d'une institution qui manquait aux
temps anciens, a beaucoup ajouté au mérite de
la maç.·., et contribué à introduire dans sa doctrine les principes de dévouement humanitaire,
patriotique et fraternel, et les nobles sentimens
qui la distinguent.

Il serait donc convenable que les R.·. C.·., et
ceux qui aspirent à le devenir, étudiassent tout
ce qui a rapport à la chevalerie, ou du moins
que les orateurs des chap.·. en fissent le sujet de
leurs instructions.

Qu'était la chevalerie du moyen âge, créée
dans le but de donner à la valeur, et au sang
versé pour la patrie, un encouragement plus noble et plus stimulant qu'une récompense pécu-
niaire?... Elle entretenait, elle exaltait l'amour
de la gloire et des dames parmi des guerriers
ignorans et grossiers d'ailleurs, et unissait par
les liens sacrés d'une amitié fraternelle, des
hommes entre lesquels une double rivalité pouvait devenir une source de divisions préjudicia-
bles à l'intérêt commun.

Grades de chevalerie : pages ou varlets, écuyers,
chevaliers. — Serment de ces derniers. — Symboles de leurs armes. — Enseignes, étendarts et
bannières. — Pas et entreprises. — Défis et combats. — Armes courtoises. — Joûtes, tournois et
carrousels. — Cérémonies de la collation des
grades. — Priviléges et honneurs qui leur étaient

accordés. — Vœux militaires des chevaliers la
veille des batailles et tournois. — Dégradation
des chevaliers félons. — Chevaliers célèbres.

Chevaliers bannerets, ceux qui avaient assez
de vassaux gentilshommes pour lever bannière,
et former une compagnie soldée à leurs dépens.
Bacheliers (bas chevaliers), qui n'ayant pas assez
de biens ni de vassaux, marchaient sous l'éten-
dart des bannerets. — Chev.·. ès lettres, qui, à
cause de leur savoir, étaient appelés au service
du prince, et qui après vingt-deux ans d'exercice, obtenaient le titre de comtes palatins (du
palais), ou de comtes de lettres, et en portaient
les honneurs, savoir, le cercle perlé, l'épée, et
les éperons dorés. — Chev.·. ès lois, qui rece-
vaient ce titre comme récompense de services
rendus à la patrie et au prince, en remplissant
dignement les devoirs de l'office qui leur était
confié. — Chev.·. errans, qui à l'exemple des
Hercule et des Thésée, allaient partout pour re-
dresser les torts, venger les opprimés, exterminer
les brigands. — Chev.·. de la table ronde, ainsi
nommés à cause de la table de cette forme,
signe d'égalité, où ils venaient s'asseoir à la suite
des fêtes d'armes, des tournois et des joûtes.
Beaucoup de traditions merveilleuses et fabu-
leuses sur ces deux classes de chevaliers.

Enfin les chev.·. trouvères ou troubadours, qui
fleurirent dès le douzième siècle, principalement
en Provence, lorsque l'ignorance et la barbarie
dominaient encore en Europe. Ils visitaient les
cours des princes et les châteaux des seigneurs;
ils y étaient favorablement accueillis, surtout
par les dames, auxquelles ils consacraient leurs
hommages et leurs chansons. Vivre exclusivement pour sa dame, aspirer pour elle à la gloire

des armes et des vertus, l'admirer comme parfaite, et lui assurer l'admiration publique, ambitionner le titre de son serviteur, même de son esclave, et pour récompense de tant d'amour et de tant d'efforts, demander seulement qu'elle daigne les agréer ; en un mot, la servir comme une divinité à laquelle on rend un hommage respectueux, était le devoir de tout chevalier, et de quiconque aspirait à le devenir. Un amour de ce genre était propre à exalter l'enthousiasme : aussi, en formant des héros, fit-il éclore tous les écarts de l'imagination des poëtes du temps. Des princes furent troubadours, entre autres, Raymond Bérenger V, comte de Provence, le bon Thibaut, comte de Champagne. Ces chevaliers, princes ou non, joignaient l'étude de la poésie à la bravoure ; ils célébraient les grands faits d'armes et la beauté : ils entretenaient ainsi l'enthousiasme belliqueux et celui de l'amour.

Les croisades ont donné lieu à la fondation de plusieurs ordres de chevalerie, dont les uns se sont éteints avec elles, et les autres se sont répandus en différens pays de l'Europe. Remarquons en passant, que cette atroce extravagance, dont les suites *immédiates* furent si funestes à l'Europe, eut plus tard, en vertu de cet ordre providentiel qui fait sortir le bien du mal, des résultats très favorables à la civilisation, sous le rapport de la liberté civile, de nombreux affranchissemens de serfs, de la délivrance de taxes arbitraires et autres sujétions féodales, conséquences forcées de la ruine de beaucoup de seigneurs; sous celui du commerce, de l'industrie, des beaux arts et des sciences, sur lesquelles cette grande transmigration, et les voyages qui la suivirent, éveillèrent les idées (beau sujet à développer). Les plus célèbres de ces ordres furent ceux du *Saint-sépulcre de Jérusalem*, qui a commencé par des chanoines, gardiens du sépulcre, et qui furent faits chevaliers; les *Templiers* qui s'appelèrent d'abord *pauvres soldats de J.-C.*, et qui finirent par avoir des possessions dans presque tous les états de la chrétienté : cet ordre de moines militaires, corrompu par ses immenses richesses, ambitieux, prétendant à l'indépendance de toute autorité civile et ecclésiastique, ne pouvait être toléré par des princes qui voulaient gouverner. La manière perfide et cruelle avec laquelle il a été anéanti, a excité une juste indignation. Mais on peut détester cette grande iniquité sans se laisser séduire par une poétique admiration pour un ordre dont l'existence, devenue inutile après les croisades, était un abus et un scandale; les *Hospitaliers de St-Jean de Jérusalem*, appelés ensuite *Chev∴ de Rhodes*, puis *Chev∴ de Malte*. Ce n'étaient d'abord que des frères laïques, employés par les Bénédictins au service de l'hôpital. Bientôt l'abbé fut obligé de les armer pour la défense des pélerins. Devenus militaires, ils eurent un capitaine pour les commander en campagne. Insensiblement ils ne voulurent plus reconnaître d'autre chef, et secouèrent l'autorité des moines. Le généreux dévouement avec lequel, de la même main, ils soutenaient leurs frères par des soins charitables, et les défendaient par les armes contre des hommes avides et féroces, demandait un courage héroïque : ils en donnèrent des preuves signalées dans leurs différens séjours à Jérusalem, en Chypre, à Rhodes, à Malte, rocher stérile qu'ils fertilisèrent, pendant qu'ils couraient sur les pirates; — les *Chev∴ teutoniques*, institués aussi pour donner un asile aux pélerins et les défendre. Tandis que les Templiers ont été brûlés, ces chevaliers plus heureux sont devenus des princes souverains : les rois de Prusse en descendent.

Il a existé aussi des ordres (libres) de chevalerie pour les dames, dans différens états, et notamment en France : au 18° siècle, l'ordre *de la Félicité, et celui de la Constance*, renouvelé en Bourgogne, d'un ancien ordre de ce nom, et dont la dame du lieu, estimée pour sa bienfaisance, fut nommée grande-maîtresse.

L'ancienne chevalerie a donné naissance aux ordres nombreux, militaires ou civils, institués pour récompenser les différens genres de mérite. Exposé des plus marquans; différences de ces deux sortes d'institutions, leurs avantages respectifs, suivant les temps, les lieux, les mœurs, toutes guerrières dans le moyen âge, où par conséquent on ne pouvait trop exciter le courage et l'habileté militaires.

Tel est à peu près le programme que les orateurs auraient à remplir dans leurs instructions sur les 15°, 16°, 17° et 18° gr∴ (3° et 4° ordres français). Ce n'est pas une tâche fort difficile : on trouve des renseignemens suffisans dans des ouvrages peu volumineux. Il y en a beaucoup à puiser dans l'opuscule déjà cité de l'abbé Robin, 1ᵉʳ vol. de l'Encycl∴ maç∴

N° 2. *Le Culte.*

Il est une autre classe de connaissances d'une bien plus haute importance encore, que doit posséder le maç∴ revêtu du gr∴ de R∴ C∴ En effet, ce gr∴, comme la maîtrise et le Royal-Arche (le Delta dans celui-ci), fait mention d'une parole perdue, qu'il s'agit de retrouver. Mais cette parole, qui interprétée sous le rapport religieux, n'est appliquée qu'au sentiment intérieur, et qui peut l'être à toutes les espèces d'améliorations, l'est d'une manière toute spéciale dans le R∴ C∴, à la pratique extérieure de la religion, c'est-à-dire AU CULTE. Or, comme les faits sont la base la plus sûre de toute science, c'est en étudiant les institutions religieuses qui ont régné et régnent encore dans le monde, que le maç∴ peut acquérir une expérience à l'aide de laquelle il se fera sur ce grand instrument de civilisation et de moralité, des principes solides, raisonnables, qui auront une heureuse influence sur sa conduite pour lui-même et envers les autres, et qui seront aussi éloignés de la froide et funeste indifférence, que de l'aveugle et dégradante superstition.

L'homme qui fait usage de ses yeux pour considérer la magnificence et l'ordre de cet univers, et de sa raison pour réfléchir sur ses facultés intellectuelles, sur ce qui se passe dans sa conscience, reconnaît que par le don précieux de ces facultés, par cette voix intérieure, qui lui révèle évidemment les lois de son auteur, il a des rapports avec Dieu. Donc il a des devoirs à remplir envers lui.

Nous n'existons, nous ne conservons l'existence que par lui ; c'est de lui que nous tenons les facultés qui nous placent à la tête de la création ; nous sommes comblés de ses bienfaits sans même que nous y pensions, le jour, la nuit, à toute heure, à chaque instant. Nous lui devons donc amour et reconnaissance.

Il est notre maître suprême. Il nous a donné ses lois par les sentimens qu'il a mis dans notre cœur, et qui sont inhérens à notre nature. Nous devons suivre l'impulsion de ces bons sentimens,

13.

et nous soumettre à ce qui arrive en vertu des lois de l'ordre physique et de l'ordre moral.

Nous ne pouvons être bien pénétrés de cet amour reconnaissant, de cette soumission confiante envers Dieu (p. 30 et 31), sans éprouver le besoin de les lui témoigner, et ce témoignage a l'inappréciable utilité d'entretenir et de ranimer ces bonnes dispositions, conservatrices de la tranquillité de l'âme, du courage dans le malheur, de toutes les vertus. Voilà ce qu'on appelle *adorer Dieu, lui rendre un culte.*

Quoique en général on entende par culte la pratique extérieure d'actes religieux, il n'y en a pas moins un culte intérieur, le plus simple et le moins gênant de tous, celui par lequel un homme, principalement à son réveil, et dans les circonstances où il a besoin de fermeté, de résignation, d'un généreux effort pour faire une bonne action, ou en éviter une mauvaise, à laquelle il pourrait être entraîné par de puissantes séductions d'intérêt ou de plaisir, se place en présence de Dieu par la pensée plutôt que par des paroles, prend la résolution et lui demande la force de suivre la bonne voie, force qu'il obtient; car en la désirant, en la demandant, il se met en disposition de l'avoir (avantages de cette pratique pour le perfectionnement individuel, p. 83 et 84). A quoi bon prier Dieu, dit-on? Certes, le G.'. Être n'a pas besoin de nos prières; c'est l'homme qui, à cause de leur effet sur lui-même, a besoin de lui en adresser, pourvu qu'elles soient courtes, qu'elles ne soient pas de vaines formules, répétées par routine, qu'elles aient rapport à la circonstance où l'on se trouve, et qu'elles n'aient pour but que les vrais biens. (La prière, obligation du maç.'. p. 244.)

Le culte extérieur n'est que l'expression de celui-ci. Combien de gens négligeraient, oublieraient même tout-à-fait le culte intérieur, s'ils n'y étaient rappelés par des réunions et par des cérémonies fixes. L'homme ressemble à une horloge : entraîné sur la pente du mal par de fausses maximes, par de mauvais exemples, par des séductions de toute espèce, il cède s'il n'est *remonté* de temps en temps. Rien n'est plus propre à retremper son ame, à renouveler son énergie pour le bien, que de pareilles réunions, pourvu toutefois qu'elles soient ce qu'elles doivent être.

Le culte extérieur est domestique ou public. Le premier est celui où un chef réunit à jour et à heure fixes sa famille et ses serviteurs, fait quelques prières simples, une lecture religieuse et morale, ou une exhortation paternelle. Ce pieux et touchant exercice est animé par des chants du même caractère : c'est un culte vraiment patriarchal. Il y a des familles qui le pratiquent, surtout dans les pays, certaines parties de l'Amérique, par exemple, où les habitations, étendues et disséminées, sont très éloignées du lieu qui possède une église ou un temple *.

Il existe, et on doit l'établir de plus en plus dans la maç.·., ce culte simple (p. 81 et 86), le

* Nous avons connu un français, colon de la Louisiane, qui se trouvait dans ce cas. Il avait une grande exploitation, et de nombreux esclaves. Il les réunissait le dimanche avec sa famille, récitait les prières, et les entretenait des devoirs de la morale religieuse. Il assortissait les époux, les mariait, et leur faisait construire une cabane à la suite des autres. Il baptisait les enfans, et présidait à l'enterrement des morts. Il traitait ses esclaves avec douceur et sans faiblesse. Il avait rarement à punir, car il était bon et juste, et ils l'aimaient comme un père.

plus agréable à Dieu, ainsi que le dit l'Evangile
en termes positifs, et en revenant plusieurs fois
sur la même pensée avec des formes différentes.
La maç∴ n'est-elle pas une grande famille, et
chaque atel∴ n'est-il pas une famille particulière ? Une séance bien dirigée, en L∴, en chap∴,
etc., n'est-elle pas dans ses trav∴ d'intérêt général, dans ses initiations, un acte vraiment religieux (p. 54 et suiv.), qui réunit à l'attrait de
l'intimité, le plaisir et l'avantage d'une certaine
solennité ? On y rend hommage au G∴ A∴, on
éclaire l'esprit par le raisonnement, on touche
le cœur par le sentiment, pour l'exciter à l'ob-
servance de tous les devoirs. On joint la pratique
à la théorie, en donnant du pain aux malheureux, des consolations aux affligés, des félicita-
tions et des encouragemens au bon emploi du
talent et à la vertu. Il nous semble que ce sont
les vrais, les seuls élémens d'un culte digne de
la divinité, digne de l'intelligence humaine, et
qui a de plus le mérite de sympathiser avec tous
les autres (p. 86). Les maç∴ doivent d'autant
plus y tenir qu'il y a aujourd'hui beaucoup d'indifférence pour les cultes chargés de dogmes
subtils, circonstance qui donne plus de prix que
jamais à la maçonn∴ N'est-ce pas un homme
tout matériel, tout physique, que celui qui n'appartient pas à une association quelconque, soit
religieuse, soit morale, soit l'une et l'autre à la
fois, où il puisse se rappeler de temps en temps
qu'il a une intelligence à cultiver, une ame à
retremper, un cœur à réchauffer pour le bien ?

Le culte public a de grands avantages : ses
solennités sont plus frappantes pour les esprits
qui ne s'élèvent aux idées du spiritualisme qu'à
l'aide d'objets sensibles ; les réunions, plus nom-

breuses, sont plus imposantes ; le lieu, exclusivement consacré à des exercices religieux, inspire plus de réserve et de recueillement ; l'exemple que donnent ceux qui assistent à ces réunions, peut contribuer à la moralité sociale. Il est, quant à présent, moins suivi à proportion de la population, dans les grandes cités, où l'on ne connaît de trève ni aux affaires ni aux plaisirs, où d'ailleurs il est souvent en opposition avec les idées généralement répandues. Mais dans les petites villes et dans les communes rurales, où la vie est plus simple, plus paisible et plus uniforme, le culte est pour les habitans une distraction salutaire, une occasion de se revoir comme adorateurs et enfans du même Dieu, et de réveiller en eux cette vraie piété qui porte à la charité, à la bonté, à l'indulgence, à l'oubli des offenses, à une constante régularité dans la conduite.

Mais pour que ce culte atteigne entièrement son but d'utilité, il faut que les cérémonies n'en soient que l'accessoire, que le principal soit une instruction facilement comprise par tous les auditeurs, et capable de les intéresser ; il faut que les ministres sachent fixer leur attention par de bons conseils sur tout ce qui se rapporte à leur bien-être matériel et moral, qu'ils insistent peu sur les croyances secondaires, qui ne tiennent pas aux principes incontestés de la religion universelle, mais qu'ils parlent surtout des devoirs pratiques, de la grandeur et de la bonté de Dieu dans ses ouvrages et dans les productions de la nature, de l'ordre providentiel, de l'ordre social, de la famille, de la soumission aux lois, sans favoriser ou combattre aucune opinion politique, qu'ils fassent en un mot de la religion ce qu'elle est, c'est-à-dire, une doctrine d'amour, de paix, de haute raison, de bonnes œuvres, de dévouement envers le prochain, et non de terreur, de superstition, de quiétude dévote et égoïste, d'intolérance, et de pratiques qui ne sont utiles ni à la société ni aux individus. Ils réconcilieront ainsi avec le culte beaucoup d'hommes qui s'en tiennent éloignés ; ils seront honorés et chéris comme des anges de paix sur la terre, ils seront les bienfaiteurs du genre humain.

Il n'y a pas sur la terre un seul culte, de quelques superstitions qu'il soit ou paraisse surchargé, que la sagesse de ses ministres ne puisse faire respecter et aimer en lui imprimant ce caractère. Dans tous, en effet, se trouve un fond commun de vérités essentielles sous des formes que les différences des temps et des lieux ont diversifiées. Ces vérités fondamentales concernent Dieu, l'homme et la nature. A quoi peuvent se rapporter les instructions à donner par les ministres, leurs dogmes mêmes et leurs cérémonies, sinon à ces trois grands objets de tout système philosophique ou religieux, et qui prêtent à des développemens nombreux, variés à l'infini, et d'un intérêt inépuisable ? Ils auront encore le mérite de se rapprocher tous par leur doctrine, de perfectionner chacun leur culte, sans transition brusque, sans ces secousses qui ont eu des suites déplorables, et d'éteindre la torche de la discorde religieuse et de la stupide intolérance, la honte et le fléau de l'humanité.

Pour aider à cette œuvre, les chev∴ R∴ C∴ et leurs orateurs passeront en revue les cultes divers. Par cette étude, toute en faits, facile par conséquent, et propre à exciter vivement la curiosité, les premiers se convaincront, les seconds se mettront en état de prouver que les aberra-

tions en ce genre sont le produit, ou de l'ignorance la plus grossière dans l'état sauvage, ou,
dans une civilisation plus avancée, de rêveries
métaphysiques qui n'ont rien de commun avec
l'amour de Dieu et du prochain, avec la moralité
humaine, base unique et qui doit être le seul
motif de tous les cultes; que tous, même en s'é-
garant, ont reconnu cette large base, ce motif
respectable et saint; qu'ils n'ont donc pas sujet
de s'anathématiser et de se persécuter réciproquement, mais que leur accord sur leurs intentions
et sur les principes fondamentaux doivent les
déterminer à vivre en paix comme de bons frères
qui aimant également les auteurs de leurs jours,
les saluent, l'un en inclinant le corps, l'autre en
tirant le pied, celui-ci, de la main droite, celui-
là, de la main gauche.

Il y aurait ici une longue nomenclature à présenter de toutes ces institutions. Nous nous con-
tenterons pour le moment de renvoyer à celle de
la note B, p. 215 : nous essaierons de la compléter
dans le 5ᵉ cahier, avec un trait caractéristique
sur chacune. Qu'on veuille bien se rappeler la
prudence et la discrétion recommandées note
E, à l'égard des cultes plus rapprochés de nous
par les temps et par les lieux. Il s'agit d'ailleurs
ici d'exposer simplement les faits, qui parlent
assez d'eux-mêmes, sans avoir besoin de commentaires, et non de se livrer à des critiques.
Nous le ferons peut-être, et cela avec la réserve
convenable, lorsque nous traiterons un ordre
plus élevé, dans lequel les rituels de certains gr.·.
imposent le devoir de combattre la superstition.

Toutefois il en est un dont nous ferons mention dès à présent, et même avec quelques dé-

tails, parce que la revue que nous conseillons,
doit commencer par lui à plusieurs titres : il est
le premier dans l'ordre des temps, il a été le plus
universel, il en existe des monumens nombreux
dans l'ancien et dans le nouveau monde, c'est
de lui que toutes les idolâtries ont pris leur origine. On sera plus en état de les apprécier en
parlant des faits qui le concernent.

Du Fétichisme.

On appelle ainsi le *culte rendu à des objets matériels.* Il a été, il est encore grossier parmi les
peuplades sauvages, qui révèrent des singes, des
serpens, des pierres brutes, etc. C'est le fétichisme dans son sens le plus étroit ; mais si on
le comprend d'une manière plus large, et consé-
quente à la définition inattaquable que nous
venons d'en donner, on en trouvera des traces
dans presque toutes les institutions religieuses.
Comme il est plus facile de changer les dogmes
que des habitudes invétérées, les cultes les plus
spiritualistes ont été obligés de composer avec
lui.

Tous les objets qui frappent les sens, utiles ou
nuisibles, le soleil, la lune, le tonnerre, les
orages, des montagnes, des fleuves, des fontai-
nes, la mer, des forêts, des arbres, des pierres,
des animaux de diverses espèces, furent d'abord
révérés par la reconnaissance ou par la crainte,
comme étant remplis d'une force occulte et
d'une vertu surnaturelle. Bientôt des hommes
fourbes ou exaltés se vantèrent d'avoir le secret
de cette force et de cette vertu : on crut à leur
prétendue science, et l'on reçut d'eux des ordres
et des présages ; ils furent devins, magiciens et
prêtres, ce qui était et ce qui est encore syno-

nyme parmi les peuplades plus ou moins sauvages. La superstition s'étendit et se fortifia : les
objets matériels, respectés comme sacrés, devinrent des Dieux, ou leurs symboles favoris. On
put les avoir chez soi et avec soi, comme des ta-
lismans préservateurs de la mort, des maladies,
de tout accident.

Parmi les objets matériels, il faut surtout distinguer les pierres brutes, à cause de leur nombre, de leur destination, et des suites qui en ré-
sultèrent successivement chez des peuples plus
civilisés. Elles marquaient les limites des grandes
et des petites divisions de territoires : il était naturel de les respecter, puisqu'elles prévenaient
les dissensions entre particuliers, et les guerres
entre peuplades. Ce respect alla jusqu'à les oin-
dre d'huile, les couvrir de guirlandes et de cou-
ronnes de fleurs dans les jours de fête, les enve-
lopper quelquefois de laine crue ou de toisons
de brebis. On en fit des monumens pour conserver la mémoire d'évènemens remarquables ;
on en couvrit les tombeaux, et l'on y grava des
inscriptions ; on forma des croix dans les carre-
fours, en élevant une pierre verticale, traversée
par une horizontale, sur laquelle étaient indiquées les deux routes de droite et de gauche. A
mesure que l'art grandit, ces pierres limitantes
furent taillées moins grossièrement, et quelques
ornemens y furent ajoutés : on en fit des colonnes, des pyramides, des obélisques. Jusque là
c'était bien ; mais par une transition fatale, qui
ouvrit une large porte aux superstitions, on re-
présenta, d'abord, une tête humaine à la partie
supérieure, puis le buste, puis les bras avec des
attributs dans les mains, la partie inférieure res-
tant en forme de pilastre, puis enfin le corps
humain entier.

13

Ce premier pas franchi, les poëtes, les sculp-
teurs et les peintres, purent se livrer en pleine
liberté à tous les caprices de leur imagination.
Les images du soleil et de la lune, plusieurs signes du zodiaque (les autres ayant des figures
d'animaux), ceux des planètes, d'un grand nombre de constellations, les parties extraites des
montagnes, des forêts, des eaux, et leurs symboles, reçurent des formes humaines. Cette manie antropomorphique fut générale : elle s'est
glissée, elle s'est conservée dans les institutions
les plus pures. Presque partout, jusque dans la
maç.·., le soleil est représenté sous les traits
d'un gros joufflu, et la lune, avec un visage plein
ou de profil.

L'art continuant de se perfectionner ne pouvait s'en tenir à la simple ébauche du corps humain. Les noms de Thaut, d'Hermès, de Mercure, aussi bien que celui de *Terme,* usité chez
les Latins, n'avaient pas d'autre signification que
celle d'une borne, d'une limite. Ces signes n'a-
vaient été longtemps que des pierres brutes :
ils devinrent des personnages, parce qu'on s'a-
visa d'y esquisser une tête humaine afin de les
orner. Leur accroissement de dignité ne devait
pas se borner à être des hommes : révérés à cause
de leur usage, ils eurent les honneurs de la divinité. Ces Dieux une fois créés, il sembla juste et
convenable d'en faire d'autres, d'après les différens phénomènes naturels. Le ciel, l'air, la
mer, les enfers, le bien, le mal, la force, la
beauté, toutes les parties de l'ordre physique,
intellectuel et moral, eurent donc leurs divinités, et l'art épuisa toutes ses ressources pour
donner à ces hommes-dieux des formes majes-
tueuses, élégantes, délicates, vigoureuses ou re-
doutables, suivant leurs attributs, ce qui aug-

menta le zèle et le nombre de leurs dévôts. Telles furent les conséquences du fétichisme *perfectionné*. Nous aurons plus d'une occasion de les remarquer dans l'examen rapide que nous ferons des autres cultes. Nous rechercherons aussi comment des sages trouvant ce système établi dans les masses, se sont efforcés d'en atténuer les défauts, et d'en prévenir les mauvais effets.

Nota. Les institutions religieuses ont comme la maç∴, beaucoup de symboles, avec la différence qu'ils sont dans celle-ci plus simples et sans danger (p. 153 et 154). L'étude de ces institutions en chapitre, fournit donc l'occasion d'y cultiver la science allégorique avec un soin particulier.

CHAPITRE XI.

GRADE DE CHEVALIER ROSE-CROIX,

Dit aussi Chev∴ de l'Aigle, du Pélican, Maçon d'Hérodom, Chev∴ de Saint-André, Parfait Maçon.

Sa première dénomination, si elle n'a pas pour origine le nom de ROSENCREUTZ, dont nous allons parler, lui vient de la douceur et de la pureté du Christ, comparées à celles de la rose; la seconde, de la haute idée qu'on s'est faite de l'aigle à cause du vol élevé de cet oiseau, que les poëtes ont appelé le roi des airs, dont il est plutôt le tyran; la troisième, de l'opinion vulgaire qui croit que le pélican nourrit ses petits du sang qu'il tire de son sein; la quatrième, de la montagne d'Hérodom (p. 213), la L∴ de ce nom passant pour être la métropole des chapitres écossais; la cinquième, du patron de l'Ecosse, dont la fête est solennellement célébrée par les chap∴ de ce pays; la sixième enfin, du motif qui a fait donner le même nom à d'autres gr∴, lorsqu'ils étaient les derniers du système reçu dans une contrée ou à une époque donnée (p. 228, Chev∴ d'Or∴; 229, l'Archit∴; note C, le Royal-Arche).

Nous n'entreprendrons pas de concilier les opinions contradictoires, qui ne sont d'ailleurs que des conjectures,

sur l'origine de ce grade. Nous en avons cité quelques-
unes dans notre Mém.˙. sur l'Ecoss.˙. L'immense réper-
toire historique, intitulé *Les Fastes universels*, par Buret
de Longchamps, en offre une autre, relative à l'allemand
Christian de Rosencreutz, né en 1378, et qui voyagea
beaucoup dans l'Orient. Il y vit de prétendus philosophes,
qui se vantaient de savoir tout, de parler toutes les lan-
gues, et de pouvoir prolonger la vie humaine jusqu'à
140 ans. On rapporte de lui des choses merveilleuses,
comme de tous les hommes réellement célèbres, ou auxquels leurs partisans ont voulu donner de la célébrité.
Ses disciples ont formé une société qu'on a cherchée partout, et qu'on n'a trouvée nulle part. On explique cela en
disant qu'ils se communiquaient leurs secrets sans se
réunir, du moins en assez grand nombre pour attirer l'attention sur eux. Cabale, magie, astrologie, hermétisme
et alchimie, recherche de la pierre philosophale, ou art
de faire de l'or et de procurer une vie très longue, théo-
sophie et illuminisme (folie du visionnaire, dont il est
difficile de le guérir, parce qu'il prend en pitié la raison
humaine, et se prétend éclairé par un principe intérieur,
surnaturel et divin, qui l'élève aux connaissances les plus
sublimes), telles étaient leurs chimères. Elles peuvent
être le sujet de discours curieux, qui prouveraient combien s'égarent même les hommes instruits, lorsqu'ils
abandonnent les routes qui conduisent à la vraie science.

Il a existé, dit-on, une autre secte de *Frères de la Rose-
Croix*, qui avaient un but digne de la maç.˙., celui de
rendre les hommes meilleurs et plus heureux (Andréa, de
Wurtemberg, Mém.˙. sur l'Ecoss.˙.). Passons au R.˙. C.˙.
de nos jours.

§ I. CARACTÈRE PARTICULIER DU GR.˙. EN OPPOSITION
AVEC L'ESPRIT ET LE BUT DE LA MAÇ.˙., ET NÉCESSITÉ
DE LE GÉNÉRALISER. — MODIFICATIONS TRÈS SIMPLES
PROPOSÉES.

Ce caractère est religieux sans aucun doute. Déjà le 15ᵉ
gr.˙., et les deux suivans, conçus dans le même esprit, et
qui en complètent la partie historique (réelle ou fictive),
ont averti le maç.˙. des degrés supérieurs, que le culte est
ici, avec la chevalerie, l'objet qui appelle son attention
spéciale. Zorobabel en effet, délivrant ses concitoyens de
la servitude, et les ramenant dans leur patrie, n'est pas
seulement le type d'un chevalier qui se dévoue à de nobles
et difficiles entreprises pour le service de sa nation : c'est
encore un chevalier religieux, dont la grande pensée est

la reconstruction du temple. Cette circonstance est concluante, mais elle est la seule qui autorise une telle déduction. Le R∴ C∴ montre son but d'une manière bien plus explicite et plus positive. Il ne porte malheureusement ses vues que sur le remplacement par un autre, d'un culte qui a encore beaucoup de partisans.

La 1re et la 5e dénomination de notre R∴ C∴, les instructions, les formes et les cérémonies, entre autres, les inscriptions des colonnes dans les voyages, le signe du bon pasteur, le mot sacré, les génuflexions devant l'autel, les tableaux exposés dans les deux chambres, la cène, le choix du jour pour sa célébration, le lavement des pieds, qu'on fait rarement, mais que les rituels prescrivent, le rejet de ce gr∴ par la maç∴ anglaise *acceptée* (note C), tout prouve qu'il a été institué dans des vues chrétiennes, que la foi dont on y parle, est celle du christianisme, et particulièrement du catholicisme, que la loi nouvelle, indiquée comme moyen de retrouver la parole perdue, est la loi chrétienne, substituée à la loi judaïque.

Ces vues seraient excellentes si tous les peuples de la terre étaient chrétiens. Et plût à Dieu qu'ils le fussent, du moins dans le sens de l'Evangile, comme le désiraient les anciens R∴ C∴ réformateurs. C'est un bonheur pour nous d'espérer qu'à l'aide du temps, des progrès de la civilisation, et de la diffusion générale des lumières, ils le deviendront, soit qu'ils s'appellent chrétiens, soit qu'ils se disent initiés ou francs-maçons; car le christianisme *primitif*, celui de l'Evangile, lorsqu'on explique dans un sens raisonnable, d'après l'esprit général de la doctrine du Christ, mort longtemps avant la publication de ce livre, quelques passages, ou mal traduits, ou mal interprétés, ou dont l'expression a l'exagération du style oriental, le christianisme, disons-nous, et la fr∴-maçon∴ sont une seule et même chose. On a dû s'en convaincre par tout ce que nous avons dit précédemment : nous en achèverons la démonstration quand nous mettrons le christianisme en face des autres cultes.

Mais les instituteurs du R∴ C∴, environnés de chrétiens, n'ont pensé qu'à ceux-ci; ils ont regardé comme nulle une nation disséminée, mais très nombreuse; ils ont partagé le préjugé de l'ignorance superstitieuse, qui ne comptait pas les Juifs pour des hommes, et qui en a forcé une grande partie à s'avilir par d'ignobles ou de coupables spéculations, pour vivre au milieu d'une société qui ne leur permettait pas de prendre une position honorable. Ils ont oublié qu'il existe, même en Europe, un

grand peuple de Musulmans, qui l'ont fait trembler plus
d'une fois, et ont failli l'envahir, que l'Asie et l'Afrique en
sont remplies, que beaucoup d'autres millions d'hommes
ne sont pas chrétiens, que dans l'intérêt même du christianisme et de la civilisation, il ne faut pas leur fermer
les portes de nos temples, qui les réconcilieraient promptement et par des voies douces, avec l'un et l'autre. Ils ont
oublié enfin que l'initiation ancienne, qui ouvrait difficilement son sanctuaire aux étrangers, s'empressait néanmoins de les y admettre, lorsqu'elle les en trouvait dignes par leur grand caractère, leur amour de la science
et leurs vertus, sans s'informer s'ils étaient disciples de
Brama, de Zoroastre, de l'égyptien Hermès, ou du Mercure grec; que l'init.˙. moderne, lorsqu'elle se bornait à
trois ou quatre gr.˙., était constituée de manière à pouvoir être communiquée aux religionnaires de toutes les
sectes (p. 179 et 180, 215, 229 et 230). Par le G.˙. Archit.˙.,
n'y a-t-il pas dans le monde assez de causes qui divisent
les hommes? Des sages ont fondé à une époque qui re-
monte à des milliers d'années, les premiers chrétiens (philosophes religieux initiateurs, note 3, p. 80), et plus tard,
d'autres sages ont repris une institution qui tend à les
réunir par des principes éternels et universels, propres à
à faire l'homme de bien en tout temps et en tout lieu; et
vous, législateurs mal avisés, vous avez dénaturé cette
sainte institution, unique sur la terre, la seule qui crie à
tous les humains qu'ils sont et doivent être une même famille, malgré les sectes qui les partagent. Vous avez eu
le triste courage de lui enlever le mérite qui n'appartient
qu'à elle, mérite d'un prix infini, celui d'éteindre les tor-
ches du fanatisme, et de ramener la paix religieuse parmi
les nations et les familles. Voyez comme ces principes de
tolérance et de conciliation se sont répandus dans les
pays où la maç.˙. a pu les proclamer avec quelque liberté :
de ses temples mystérieux ils se sont propagés dans toutes
les classes; ils forment aujourd'hui l'opinion générale,
même parmi les peuples et les princes qui ne les adoptent
pas encore dans toutes leurs conséquences. Il n'y aura plus
de massacres religieux, plus de bannissemens de sectaires
en masse, plus de dragonnades, plus d'auto-da-fé, et cela,
grâce à la tolérance dont les philosophes ont démontré la
nécessité et la haute raison, et que la maç.˙., plus acces-
sible que l'ancienne initiation, *a popularisée et pratiquée*
(H). Vous l'avez dépouillée de son plus bel attribut, de ce
caractère d'universalité par lequel elle peut inviter toute
la famille humaine au banquet de la fraternité, pour en

faire une secte qui ne peut convenir qu'à une partie de cette famille. Peu importe que cette partie soit considérable et plus avancée en civilisation, lorsque vous en excluez une autre plus considérable encore, et qui se compte par centaines de millions. Vous ne leur reconnaissez donc pas la qualité d'hommes? Car, s'ils sont hommes, ils sont vos frères d'après les principes mêmes du christianisme : vous n'avez compris ni le christianisme, ni la fr∴-maçonnerie.

Aussi, pour être conséquens, vous avez exigé dans vos rituels, que les aspirans au gr∴ de R∴ C∴ fussent chrétiens; et vos successeurs, aussi aveugles qu'ingrats, ont repoussé les disciples de Moïse, auxquels vous et eux avez fait tant d'emprunts; vous avez mis ceux d'entr'eux qui sont fidèles à leur loi, dans l'impossibilité morale de se présenter à ce g∴; des chap∴ ont formellement arrêté qu'ils ne pourraient le recevoir, et aujourd'hui encore, on élève dans certain pays, la scandaleuse question de savoir si l'on peut les admettre même aux premiers degrés de l'initiation.

Enfin, l'organisation actuelle du R∴ C∴ est une violation flagrante de la loi qui régit la maç∴ dans toutes les contrées et dans toutes les rites, celle qui interdit les controverses religieuses (E.) En recevant un sectaire ou un non croyant, qui a demandé ce gr∴ sans le connaître, vous vous exposez à de fortes objections de sa part, auxquelles il vous faudra repondre, et dès lors, vous voilà entraînés dans une discussion dogmatique; ou bien, si la curiosité le détermine à prendre patience jusqu'à la fin, et qu'il ait du caractère, vous aurez l'affront, et vous subirez l'inconvénient grave, après lui avoir tout révélé, de le voir refuser la consécration. Il vous reprochera vos cérémonies, respectables ailleurs, mais qui, dans nos temples, où des hommes de toutes les opinions doivent pouvoir se trouver sans être assujétis à ce que leur culte ne prescrit pas, ou même condamne, sont des actes de faiblesse pour les uns, d'idolâtrie pour les autres, paraissent ridicules à ceux-ci, impies à ceux-là.

Le vrai croyant s'indigne en effet qu'on parodie des cérém∴, saintes pour lui, dans un lieu qui ne leur est pas consacré. Le chrétien d'une communion qui les rejette, s'y soumet avec regret. Quel sentiment plus pénible encore doit éprouver l'Israélite! L'homme qui n'admet que les dogmes communs à tous les cultes, et celui qui place la religion dans la morale seule, voient ces cérém∴ avec pitié. Ainsi elles ne conviennent à personne, et tous disent comme cet ambassadeur turc à la vue d'un tournois : « C'est trop si c'est une plaisanterie ; ce n'est pas assez si c'est sérieux. »

Ce n'est donc pas sans de graves motifs que nous essayons de convaincre les chap.˙. qu'ils doivent modifier en dépit d'une vieille routine, un gr.˙. qui tient un des premiers rangs dans la hiérarchie maçonnique. Nous croyons avoir démontré la nécessité urgente et absolue d'une modification telle qu'il puisse être conféré comme les autres, aux hommes de toutes les opinions. Heureusement elle peut avoir lieu sans changemens notables.

Il est bon, il est même très important que l'on conserve au gr.˙. son caractère religieux, mais sans application particulière à tel ou tel culte. Il faut pour cela, que les instructions, que les formes puissent se rapporter à toute institution qui a mis la superstition à la place de la religion véritable, et qui a eu le malheur d'altérer les principes simples de la saine morale, en les compliquant par des théories et des pratiques qui n'ont rien de commun, ni avec ces principes, ni avec le sentiment religieux, en prescrivant ces pratiques indifférentes avec plus d'insistance encore que les devoirs essentiels, en condamnant comme un plus grand crime l'inobservation des premières, que celle des seconds, en présentant pour modèles à imiter, des personnages qui ont passé inutiles sur la terre, s'ils n'ont pas été nuisibles. Prononçons ou souhaitons le *Consummatum est* sur ces fatales aberrations, et lorsque nous disons qu'en nous attachant à la loi nouvelle, nous avons retrouvé la parole perdue, entendons que c'est, non tel culte nouveau substitué à l'ancien, mais un culte quelconque, ramené à la pureté primitive. Les grandes réformes religieuses ont coûté trop de larmes et de sang pour en tenter de nouvelles, d'autant plus que tous les cultes étant fondés sur les lois éternelles de la nature, portent en eux-mêmes le germe de leurs perfectionnemens, qui se réaliseront paisiblement par le progrès de la raison. En attendant, chacun, sauf les formes extérieures, peu importantes relativement au fond, opère ce perfectionnement pour lui-même, en bornant sa foi aux principes fondamentaux, qui font toute la religion. Quant aux croyances secondaires, le sage les respecte dans les autres, les adopte plus ou moins suivant ses lumières et sa conscience, suivant l'interprétation que son intelligence lui permet de leur donner (p. 153, *dogmes et mystères*). Il entre avec le même sentiment de vénération, au Prêche, à la Synagogue, à la Mosquée, parce que dans tous ces asiles religieux, il voit ses semblables, ses frères, qui adorent, comme lui dans son intérieur, le dieu de l'univers. Ainsi le grand Scipion, lorsqu'il avait conçu un projet qu'il croyait utile à sa patrie, se rendait seul au temple de Jupiter Capitolin, qui n'était pour lui que le dieu unique, source des bonnes pensées. Là il méditait, il mûrissait son projet, il puisait la force nécessaire pour l'exécuter, et cette confiance dans le succès, qui double la force.

D'après ces aperçus, quelles seraient les modifications à faire dans la collation du grade?

En ne considérant les personnages et les choses que sous le rapport de l'histoire ou de l'allégorie, et non de la croyance, nous avons dit p. 179, que Salomon et son temple peuvent être présentés à tous les religionnaires comme symboles d'idées morales. Il en est de même du drame fictif d'Hiram. A plus forte raison, nous pouvons leur offrir à tous celui dans lequel une grande partie de la terre aime à voir la personnification de la vérité, de la charité, de la douceur et de la résignation, le fondateur d'une institution basée sur l'égalité devant Dieu, sur la fraternité universelle. Ils le considéreront à leur volonté comme historique ou comme fictif : cela ne regarde pas la maç∴, qui ne demande pas compte à ses disciples de leurs croyances particulières; mais ils l'accepteront comme type, pour peu qu'ils comprennent notre système allégorique.

Ils admettront avec la même facilité l'instrument de son supplice aussi cruel qu'ignominieux, souffert pour la cause de la vérité, comme ils admettraient, nonobstant leurs croyances diverses, la coupe dans laquelle Socrate but une mort plus douce. Mais cette croix devrait figurer seule dans le tableau du premier appartement; et, pour répondre aux explications philosophiques dont nous verrons ci-après qu'elle est susceptible, avoir la forme de la croix grecque : il serait bon d'y placer la rose au milieu, et le pélican au pied. C'est l'emblème principal du gr∴, et il n'est ni affligeant pour la vue, ni exclusif. Dans le second appartement, nous préférerions un aigle franchissant les nues d'un vol hardi, symbole de l'esprit religieux, qui se porte vers les hautes régions pour unir le ciel à la terre, les soins et les travaux de la vie mortelle à la grande pensée de l'immortalité. Ce signe convient au gr∴, qui a pris de lui un de ses noms. Si, pour ne pas trop innover, on voulait une figure humaine, nous l'accorderions, avec la confiance que les lumières des maç∴

présens et futurs les garantiront toujours d'être entraînés par leurs symboles à des erreurs superstitieuses (p. 154). Au lieu de la représentation d'un fait qui appartient à un culte spécial, et qui trouve plus d'un incrédule, la résurrection, emblème ici de la renaissance du culte primitif, pourrait être figurée par un génie aux formes sveltes, gracieuses, presque aériennes, s'élevant au-dessus d'un tombeau d'où il semble sortir. L'interprétation serait la même que pour l'aigle.

Est-il besoin de dire qu'on supprimerait les génuflexions, et les dalmatiques ou chasubles (p. 227), sauf à continuer, si l'on y tient, d'en revêtir le récipiend.·., comme un des insignes de leur initiation, et non les assistans; ce qui est autorisé par les rituels. Les mots, s.·. et attouch.·. ne peuvent être changés; d'ailleurs, ils sont bons à conserver, même le s.·. du Bon Pasteur, dont il est aisé de faire une application générale. Cela ne paraît pas d'abord aussi facile pour les quatre lettres du mot sacré. Néanmoins, après que le récip.·. a fait aux quatre questions les réponses littérales, indiquées par les rituels, les présidens peuvent leur donner une interprétation philosophique et maç.·. des lieux et du conducteur. Par exemple, et sans préjudice de meilleures, que l'intelligence trouvera si elle les cherche, le lieu d'où l'on vient pourrait être la L.·. de Maître; celui par où l'on a passé, les premiers gr.·. du chap.·.; le Guide, l'amour de Dieu et de ses semblables; la tribu, celle des hommes de paix et de bonne volonté qui recherchent la vérité et la sagesse. (Voir ci-après d'autres explications assez intéressantes pour être mentionnées dans une instruction, mais qui ne pourraient être admises dans la réception, parce qu'elles exigeraient la supression ou le changement des questions sur les quatre lettres.

Ainsi, pour rétablir dans le R.·. C.·. le système d'universalité qui nous paraît indispensable, il n'y a que deux tableaux à changer, et quelques cérém.·. insignifiantes à supprimer; dans les rituels, peut-être, quelques-unes de ces formules qu'on néglige presque toujours, à omettre ou à modifier. Quant aux instructions, rien de plus facile que de les faire d'après ce système.

§ II. INSTRUCTIONS QUI RESSORTENT DU GRADE.

La croix, qui nous rappelle un supplice injuste, dont ne sont pas responsables les descendans de ceux qui l'ont provoqué, ne figure pas seulement dans le christianisme. Longtemps auparavant, elle a servi à indiquer les chemins (p. 269). Elle a été consacrée en Chine à l'adoration du Très Haut : on a trouvé dans l'Asie septentrionale, et dans quelques parties de l'Amérique, de grandes pierres en forme de croix, adorées par les anciens habitans. Plusieurs divinités mythologiques ont eu la même forme dans la Grèce. En Egypte, les *Thots* (bornes) étaient souvent en bois, et figuraient une croix. Sur la pièce transversale étaient des inscriptions relatives aux sciences et aux arts; et pour multiplier ces inscriptions, on mettait quelquefois deux ou trois traverses, ce qui faisait des croix doubles et triples, que l'on voit fréquemment dans les monumens antiques, ainsi que des croix simples. Elle y était encore considérée comme la clé du Nil, auquel ce pays doit sa fertilité. Le *Tau* en effet est notre T.·. En prolongeant la ligne verticale au dessus de la transversale, avec un anneau à l'extrémité, on a la figure d'une clé cruciforme. Les prêtres de Mithra, Dieu-Soleil des Perses, faisaient le signe de ce tau, ou de la croix, sur le front de leurs initiés. On voit combien était générale la vénération de ce signe, avec des motifs différens, comme limite, comme indication des routes, comme monument des sciences et des arts, ou de la reconnaissance pour les bienfaits du Nil, et surtout comme symbole de l'univers. Suivant la plupart de ces motifs, la ligne transversale devait être vers l'extrémité supérieure de la verticale; mais sous le dernier rapport, que nous allons expliquer, et qui est le plus intéressant aujourd'hui, elle devait être dans le milieu (croix grecque).

On remarque avec autant de plaisir que d'intérêt, comment le bon sens naturel a su, lorsque la science était peu avancée, représenter par un signe aussi simple que deux bâtons qui se coupent dans leur milieu à angles droits, le cours du soleil et la marche des saisons. Il n'est pas étonnant que pour mieux fixer l'attention des peuples sur ces grands phénomènes, auxquels nous devons les productions de la terre, et les exciter à une pieuse reconnaissance envers leur auteur, on ait fait de leur signe représentatif un symbole religieux.

La ligne horizontale représente l'équateur, et la verticale, le méridien. On a ainsi quatre extrémités, où l'on place les quatre points cardinaux, puis les équinoxes de printemps et d'automne aux deux extrémités de l'équateur, et les deux solstices d'été et d'hiver, à celles du méridien, par conséquent les quatre saisons. Par analogie, on réunit au printemps l'adolescence et le matin; à l'été, l'âge adulte et le milieu du jour; à l'automne, la vieillesse et le soir; à l'hiver, la caducité suivie de la mort, et la nuit. Les alchimistes ont ajouté à ces quatre points, ce qu'ils appelaient les quatre élémens générateurs, le feu, l'eau, l'air et la terre, qu'ils exprimaient par des signes de convention.

En doublant chacune de ces lignes par une autre, pour en former une certaine surface (voir la figure en tête du cahier), on a quatre fois les trois côtés d'un carré parfait, qui donnent chacun trois angles, deux en dedans, un en dehors, douze en totalité, et autant d'équerres, trois par trois, formées par la moitié des deux côtés des angles droits. Ces équerres représentent à la fois les douze mois de l'année, et les douze signes du zodiaque, que les poëtes ont appelés les douze temples ou palais du soleil, parce que dans sa révolution annuelle, il semble parcourir ces douze signes, un par mois, trois par saison. Dans ce parcours, il arrive périodiquement sur chaque branche de la croix. C'est pour cela que ces quatre branches indiquent les quatre principales époques solaires, équinoxiales et solsticiales.

Au centre de la croix, où l'équateur et le méridien se coupent réciproquement, on place un de ces signes, savoir, l'étoile flamboyante (p. 108), le Jéhovah (p. 23), un phénix, un pélican, ou une rose. Ce sont autant d'emblèmes du feu divin, de la lumière vivifiante, qui se renouvelle sans cesse, de la bienfaisance inépuisable, de la source de toute beauté, enfin du G∴ M∴ du monde, qui, du centre de l'univers *, lui donne ses lois, règle le cours des astres, verse la fécondité sur la terre, et lui prodigue ses ornemens, afin que ses enfans y trouvent la subsistance et le plaisir. Chacun de ces emblèmes a déjà été expliqué. Ajoutons pour la rose, que son alliance avec la croix exprime très bien le mélange des jouissances et des peines de la vie; que nos plaisirs, pour être suaves comme elle, doivent en avoir la délicatesse; qu'ils sont, comme elle, de courte durée; qu'ainsi qu'elle est flétrie par un

---

* Il ne faut prendre à la lettre, ni cette expression, ni celle *révolution du soleil*. On peut assigner un centre à notre système planétaire. C'est l'astre qui éclaire tous les mondes dont il se compose. Mais l'univers, dont nous ne connaîtrons jamais les limites, n'a pas de centre pour nous. Quant au soleil, la science a prouvé qu'il est fixe, et que son cours n'est qu'une apparence causée par la révolution annuelle de la terre autour de lui, et par l'obliquité de l'écliptique,

rayon brûlant, ils périssent pour nous, et se changent en douleurs, si nous nous y livrons avec excès. Quant au pélican, si nous admettons pour la circonstance la fiction vulgaire, nous y verrons l'image de la terre, qui nourrit ses enfans de sa propre substance, d'une mère qui remplit les devoirs sacrés que lui impose la nature, des sacrifices que fait un bon père pour sa famille, de ceux que fait la charité pour le soulagement des malheureux. On sait que le phénix (p. 188) figure la régénération perpétuelle par la mort et la destruction. L'étoile flamboyante, en la considérant ici relativement à son éclat, nous rappelle celui du flambeau de notre monde, et la bonté toute puissante qui a allumé ce foyer intarissable.

Les alchimistes, qui regardaient le feu comme le grand agent de la nature (ce qui est vrai, mais il n'est pas le seul : tout, par un enchaînement admirable, est tour à tour cause et effet), expliquaient les quatre lettres par ces mots : *Igne Natura Renovatur Integra*, la nature est entièrement renouvelée par le feu. Nous croyons avoir expliqué ces initiales dans un sens plus convenable à la maç.·., en disant : *Indefesso Nisu Repellamus Ignorantiam*, repoussons l'ignorance par des efforts infatigables. On attribue aux Jésuites, qui avaient aussi, dit-on, leur gr.·. de R.·. C.·., une interprétation qui serait une exécrable provocation au régicide : *Justum Necare Reges Impios*, il est juste de tuer les rois impies. Mais on a retourné les mêmes lettres contre eux : *Ignati Nationum Regumque Inimici*, les disciples d'Ignace ennemis des nations et des rois.

Les ténèbres auxquelles succède une lumière éclatante, la parole perdue et retrouvée, les colonnes brisées, les instrumens du travail dispersés, la pierre cubique (p. 119) qui sue sang et eau, la douleur et le découragement remplacés par l'allégresse et le travail, tout cela figure très naturellement le triomphe du bien sur le mal, de la vérité sur l'erreur, de la foi éclairée sur la superstition, l'abrutissement et la misère des peuples dans le premier état, l'amélioration de leur sort dans le second.

Les voyages du R.·. C.·. indiquent les efforts qu'exige l'acquisition de la science. Ce n'était pas un emblème, c'était une réalité dans les temps anciens, où les livres étant rares, il fallait se mettre en communication avec les hommes instruits dans les contrées lointaines, pour augmenter le trésor de ses connaissances.

On rencontre dans ces voyages trois colonnes qui indiquent des sentimens et des vertus sans lesquelles on ne ferait aucun progrès dans la route du bien, on ne tenterait aucune amélioration, on ne serait qu'un être passif, inutile à soi et aux autres.

La première col.·. est celle de la *foi*, non cette foi aveugle et superstitieuse, qui rejette tout examen, qui abdique la raison, le plus beau présent fait à l'homme par son auteur, mais cette conviction intime des vérités éternelles, qui nous attache à tout ce qui est beau, noble et généreux; cette confiance filiale dans la suprême bonté, qui nous fait quelquefois passer au creuset de l'infortune pour nous rendre meilleurs; cette ferme persuasion que nous faisons un bon choix lorsque nous préférons l'honnête à ce qui a une fausse apparence d'utilité. C'est enfin cette foi du cœur qui ne nous trompe jamais, par laquelle nous croyons aux jouissances que procure une bonne action, au bonheur réel que donne la vertu, malgré les misères humaines et d'injustes persécutions.

La seconde col.·. est celle de l'*espérance*, qui anime le courage pour travailler au bien de nos semblables, dont la condition doit s'améliorer par les lumières, le travail et les bonnes mœurs; l'espérance, sans laquelle on se rebuterait au moindre obstacle, que Dieu a placée dans nos ames pour nous consoler et nous soutenir dans nos peines, et qui est encore recommandée par un des signes du gr.·., celui où nous élevons les yeux et la pensée vers la puissance souveraine, pour fortifier notre ame, pour nous soumettre à ses décrets, pour échauffer notre zèle.

La troisième est celle de la *charité*, qui embrasse dans son activité brûlante le genre humain tout entier, la patrie, la famille, la grande association maçonn.·., tous ceux qui ont besoin de notre aide, la charité, qui double notre ardeur à faire tout le bien que nous pouvons. Le signe du *Bon Pasteur*, nous rappelle encore cette charité prévenante, qui n'attend pas qu'on l'implore, qui va au devant de l'infortuné, qui le cherche pour le soulager, qui l'étreint pour en faire un autre soi-même, qui sollicite, qui presse l'homme égaré, pour le remettre dans la bonne voie, qui lui fait une *douce violence* pour l'amener au banquet des justes. C'est là le vrai sens du *compelle intrare* (forcez-les d'entrer), dont la plus fausse et la plus funeste des interprétations a fait égorger des millions d'hommes.

La cène qui termine la cérém.·., et dans laquelle les chev.·. réunis en cercle, debout, et un bâton blanc à la main, rompent le même pain, et boivent à la même coupe, est une image touchante de la bienveillance et de la fraternité qui les unissent. Le bâton blanc et la station droite rappellent que cette vie est un passage, dont nous devons employer avec activité tous les momens afin de le rendre utile.

Pour résumer les deux caractères saillans du gr.·., il avertit les R.·. C.·. 1°, qu'ils doivent se pénétrer des nobles sentimens de l'antique chevalerie, et se montrer partout les chev.·. de la faiblesse et du malheur ; 2°, que les meilleures institutions religieuses s'altèrent avec le temps par les faiblesses et les passions humaines, et qu'il est des époques où les abus qui s'y sont glissés, et le progrès des lumières, obligent, sinon de proclamer une loi nouvelle, du moins de revenir à l'esprit de l'ancienne.

NOTES.

C, p. 229. Systèmes Maçonn.·. Anglais.

Nos voisins d'Outre-Mer ne nous ont apporté que les trois premiers gr.·., les seuls qu'ils pratiquassent alors (p. 212 et 213). Mais depuis 1777, ils en ont ajouté un 4°, qui a été reconnu par le concordat de 1813, le *Maçon de la Sainte-Royale-Arche*, que le concordat semble considérer comme une dépendance de la maîtrise, quoiqu'il ait ses assemblées appelées *chapitres*, et ses officiers à part. C'est ce qu'ils désignent sous le nom de *Rit des anciens maçons*. Leur rit, dit *moderne*, le même pour les trois premiers gr.·., en a quatre autres comme le rit français, mais non identiques, savoir, *Maître de marque, Maître passé*, ou *Passe-Maître, Très excellent Maître, Maçon de la Ste-Royale-Arche*.

En dehors de ce système, il y a une sorte d'écossisme modifié, en 18 deg.·., désignés sous le nom général de *Chevalerie*, dont la pratique n'est pas interdite, et qui n'est guère en vigueur que dans les possessions anglaises de l'Amérique et des Indes. Leurs titres particuliers sont ceux des ordres de chevalerie les plus célèbres dans les principaux états de l'Europe. D'après la prédominance du culte anglican, ils n'ont pas adopté le R.·. C.·. C'est le Royal-Arche (13e de l'Ecossisme), qui est le plus haut degré des chapitres. Néanmoins, l'Ecoss.·. en 33 deg.·. s'est fait des partisans, et il a des atel.·. nombreux, surtout en Amérique.

D, p. 230. CRITIQUES DE L'ÉCOSSISME.

Encouragé à la franchise par un concours que la Con-
fédération des H∴G∴ à la V∴ de Paris proposa en 1821,
à la suite de plaintes souvent répétées dans ses séances,
sur l'incomplet, le décousu, et d'autres défauts encore
plus graves des cahiers de l'Écossisme, et par le programme qui provoquait un examen approfondi des gr∴,
depuis le 1er jusqu'au 30e, nous avons jugé ce rit avec
une sévérité qu'aujourd'hui encore nous croyons bien
fondée. Mais nous raisonnions *a priori*, et nous pensions
alors qu'il était presque impossible de faire disparaître
dans la pratique les défectuosités de la théorie. Pour parvenir à faire ressortir des séries de gr∴ et de chacun, un
but raisonnable et utile, en conservant les principes généraux et la marche des rituels, mais en simplifiant les
détails, et en nous bornant à quelques suppressions ou
modifications, il n'a fallu rien moins que la nécessité où
nous nous sommes trouvé de conférer souvent les H∴
Gr∴, et par suite, le vif désir de les présenter sous un
aspect avantageux. Nous avons multiplié nos essais, nous
avons revu, corrigé, et quelquefois entièrement refait
nos cahiers à chaque collation de ces gr∴, et nous osons
croire que nous avons tracé un plan qui mettra sur la
voie d'un mode propre à réconcilier avec le haut Écossisme les ennemis de gr∴ aussi nombreux.

D'après cette même expérience, acquise par dix-huit
années de présidence dans des atel∴ supérieurs, nous
n'insisterions pas aujourd'hui sur quelques-unes des réformes que nous avons proposées il y a vingt ans dans la
3e partie de notre mémoire. Nous n'avions que la préten-
tion de les offrir comme de simples aperçus, comme des
essais, dans l'espérance que les parties jugées faibles seraient rectifiées, et que du travail d'une commission pré-
paratoire, et d'une discussion solennelle dans le sein de
la Conféd∴, il sortirait un bon système. Cette association
paraissait devoir acquérir une autorité morale assez im-
posante pour le faire adopter. Elle s'est dissoute, et ce
travail n'a pu être fait. Mais s'il est possible d'améliorer
sans changemens notables le système que l'on a, il vaut
mieux ne pas courir le risque des inconvéniens que
pourrait entraîner une réforme un peu radicale (p. 133,
et note de la p. 179).

E, p. 238. RELIGION ET POLITIQUE EN MAÇONN∴

Qu'on ne se méprenne pas sur le sens de la loi fonda-

mentale qui prescrit de s'abstenir de controverses religieuses. Il n'en résulte pas qu'il faille garder un silence
absolu sur la religion. On en parle continuellement dans
les atel.'., de toutes les classes, et c'est un des mérites
principaux de la maç.'., dans ce siècle surtout d'incrédu-
lité ou d'indifférence sur la partie dogmatique des cultes
(p. 81, note 5). Cette loi signifie seulement qu'on ne doit
rien *établir* ni avancer qui puisse affliger une croyance
quelconque. Ainsi il est évident qu'on peut blâmer sévèrement les méfaits, et plaisanter sur les espiégleries des dieux
mythologiques : on n'affligera aucune opinion, puisque
personne ne croit plus à Jupiter libertin, à Mercure vo-
leur, à Vénus adultère, au dieu Crépitus, etc. Il n'est pas
moins permis de rire des miracles attribués à Zoroastre,
des transformations de Sammonacodom, de Visnou, du
dieu Fo ou Fohi, né d'un éléphant blanc par le côté gauche, du voyage de Mahomet au 7e ciel sur la jument
Alborac, que l'ange Gabriel conduisait par la bride
(voyage au reste qui est, comme tant d'autres contes,
l'invention d'un disciple maladroit, et dont il n'est pas
dit un mot dans le Coran), et même, de la lumière que
des moines de Constantinople voyaient à leur nombril,
disputant avec ardeur, et divisant cette capitale alors
chrétienne, sur la question de savoir si c'était la lumière
du Thabor, et si elle était créée ou éternelle. Mais si le
hasard amenait dans nos ateliers un Persan, adorateur du
feu, un Musulman, ce qui s'est vu, un Siamois, un Chi-
nois, un Illuminé qui crût à ces aberrations religieuses,
nous nous abstiendrions de les critiquer, et nous rendrions
un juste hommage à ce qu'il y a de bon dans leur doctrine morale. Voilà comment on peut parler de religion
sans soulever de controverses.

Quant à la politique, il y a également deux manières
de la traiter, qu'il faut distinguer avec soin ; et c'est avec
peine que récemment encore nous avons vu des hommes
de talent insister sans faire cette distinction, pour que la
maçonn.'. s'y livre. Si la politique est pour eux, comme
elle l'est pour les penseurs, *la morale appliquée au gouvernement,* ils ont raison; mais ils n'ont rien proposé de
nouveau. La maçonn.'. en effet s'en est toujours occupée
dans ce sens, avec la précaution d'éviter toute application, toute allusion aux personnages et aux circonstances
du moment. Par la profession de principes qui doivent
guider les gouvernans comme les simples citoyens, par
la citation des faits historiques, qui prouvent que les premiers se sont perdus toutes les fois qu'ils se sont écartés

15.

de ces principes, elle a amélioré la politique, aussi bien qu'elle a perfectionné le système religieux en démontrant avec précision et clarté, sans discuter les théologies diverses, ce que c'est que la religion, comment elle existe dans tous les cultes, et même sans eux, comment elle se concilie avec tous, dans le cœur de l'homme vertueux et sensé..Sa doctrine sur l'un et l'autre sujet a sappé dans leurs fondemens toutes les tyrannies, toutes les fraudes (p. 248). Ce grand service que la maç.·. a rendu à l'humanité, ses ennemis eux-mêmes l'ont reconnu : ils ont tourné en reproche contre elle ce qui l'honore, d'avoir sensiblement contribué à la révolution de 80 par les idées et les habitudes auxquelles elle a familiarisé ses disciples, et qui de ses temples se sont progagées dans la société.

Mais si l'on entend par politique, des discussions sur telle ou telle forme de gouvernement, la critique de celui sous lequel on vit, de sa marche, de ses actes ; si, non content qu'elle suive le progrès des idées pour l'amélioration sociale, qu'elle les devance même, ce qui est son devoir, on veut encore qu'elle prenne parti pour des systèmes opposés à ceux de l'administration du pays, on la jette hors de sa sphère et sur un double écueil. Les réunions seront interdites, et si elle échappe quelque temps à la surveillance de l'autorité, elle n'échappera pas aux dissensions, aux haines ardentes que la différence des opinions en ce genre excite trop souvent dans les familles elles-mêmes. On parle de prudence; mais peut-il y en avoir lorsqu'une fois on est engagé dans ces brûlans débats? C'est un barril de poudre dans le voisinage du feu, et dont la plus légère étincelle détermine l'explosion : il faut s'en tenir tout-à-fait éloigné. Cette nécessité a été si bien sentie partout, que dans les pays où l'on peut exprimer sa pensée le plus librement et sans le moindre risque, aux Etats-Unis, par exemple, on ne fait jamais d'excursion sur le domaine de la politique.

F, p. 248. RÉPÉTITIONS.

On s'en console un peu en pensant que la faiblesse humaine oublie souvent dans la pratique les meilleurs préceptes ou conseils, et qu'il est utile de les rappeler, surtout quand les formes sous lesquelles on les représente, ne sont pas les mêmes. C'est une compensation des inconvéniens de la multiplicité des gr.·., qui permet aux présid.·. et aux orat.·. de faire ressortir les parties les plus intéressantes avec plus de soin et de détails. Nous n'en regrettons pas moins que les onze premiers gr.·. capitulaires soient aussi vagues dans leur ensemble, et qu'ils n'aient pas un but positif, et qui leur soit commun, nonobstant l'objet spécial de chacun d'eux. C'est pour cela que nous en avons proposé un, p. 232.

G, p. 254. DON QUICHOTTE.

Ce roman fournit une lecture fort amusante, et il serait à désirer qu'il y eût beaucoup de livres de ce genre, pour dérider les fronts soucieux. Le rire est chose utile et salutaire. Mais quand on rit, on est désarmé, et l'on ne pense guère à juger sévèrement le fond d'un ouvrage dont la forme fait passer des momens agréables. Cependant, au milieu de cette franche gaîté qu'excitent les aventures dont la féconde imagination de Cervantes a semé son ouvrage, n'éprouve-t-on pas un sentiment pénible en voyant bafouer un homme qui est rempli de sentimens généreux, et qui n'a que le tort d'en porter l'exagération jusqu'à la démence, tort involontaire puisqu'il a le cerveau dérangé. Sous ce dernier rapport on est plus disposé à prendre pitié du chevalier de la triste figure qu'à en rire. Malheur aux jeunes hommes qui s'accoutument à persiffler la vertu lorsqu'elle s'égare! Ils la persiffleront encore lorsqu'elle ne fera que son devoir. Si la faible humanité se tient difficilement dans les justes limites, l'excès est préférable et malheureusement plus rare dans les passions nobles que dans l'égoïsme et dans les passions basses. Don Quichotte est de trop bonne foi pour qu'avec une ame honnête on n'ait pas quelque mécontentement de soi-même d'avoir ri de ses mésaventures. La seule considération qui réconcilie avec l'auteur, c'est qu'il a eu pour but de dégoûter son siècle d'une institution autrefois belle, mais qui était dégénérée au point de n'être plus qu'une folie, et une source d'abus.

H, p. 274. TORT DE L'ANCIENNE INITIATION, p. 154.

Les idées ne passent dans les mœurs que lorsqu'elles sont devenues populaires. Si les prêtres égyptiens et autres, qui formaient le corps de l'initiation, ont établi le culte public sur leurs mystères, et les ont livrés aux masses sans leur en expliquer le sens, ce qui a entraîné celles-ci à prendre des symboles pour des réalités, et à s'en faire des dieux, ils sont coupables d'avoir aveuglé eux-mêmes les peuples, afin de se réserver les honneurs et les profits du savoir.

Si, comme il est plus vraisemblable, les superstitions grossières qui régnaient généralement, ont déterminé des sages à se réunir pour cultiver entre eux la vraie science, on conçoit qu'il y avait pour eux nécessité de ne la communiquer qu'avec beaucoup de circonspection. Mais la parcimonie qu'ils y ont mise, ne prouve-t-elle pas qu'ils craignaient de la répandre, afin de ne rien perdre de la grande influence qu'ils exerçaient comme corps privilégié, et seul dépositaire des connaissances? N'avaient-ils pas leurs petits mystères (p. 177), et ne pouvaient-ils pas les simplifier encore s'il était besoin, pour y admettre avec plus de facilité ceux qui s'en seraient montrés dignes par leur conduite, leur désir de savoir, leur prudence et leur discrétion? Les ténèbres de l'ignorance et les erreurs superstitieuses se seraient ainsi peu à peu dissipées sans trouble, et la saine raison aurait fini par se populariser. C'est ainsi à peu près que la maç∴ plus libérale a procédé, et a réussi.

TABLE DU QUATRIÈME CAHIER.

Chap∴ IX. — Catéch∴ des gr∴ capitulaires . . 221
Appendice du Catéch∴ — Décors, etc. . . . 224
Chap∴ X. — Développemens du Catéch∴ — Section Ire. Observations générales; mode de collation 228
Section IIe. Deux nuances dans l'ensemble, et spécialités de chaque gr∴ 238
Première série 240
Seconde 244
Troisième 245
Quatrième 249
No 1. La Chevalerie 254
No 2. Le Culte 260
Fétichisme 268
Chap∴ XI. — Le Chev∴ R∴ C∴ 271
§ I. Caractère de ce grade 272
§ II. Instructions qui en ressortent 278
Notes. — C. Systèmes maç∴ anglais . . . 283
D. Mémoire sur l'Ecoss∴ Critiques . . . 284
E. Religion et politique en maç∴ . . . . ibid.
F. Répétitions dans les différens gr∴ . . . 286
G. Roman de Don Quichotte 287
H. Tort de l'Initiation ancienne . . . . . ibid.

IMP. BOUQUOT∴ — TROYES.

www.ingramcontent.com/pod-product-compliance
Lightning Source LLC
Chambersburg PA
CBHW070932280326
41934CB00009B/1839